KB254204

발상의 전환으로 살아남기

후타미 미치오 지음 | 안소현 옮김

책미래

URA-MICHI URA-WAZA NI SHOUKI ARI

© Michio Futami

All rights reserved

Original Japanese edition published by KODANSHA LTD.
Korean translation rights arranged with KODANSHA LTD.
through EntersKorea Co., Ltd.
Korean Translation Copyright © by Alice

저작권법에 의해 한국 내에서 보호받는 저작물이므로 무단전재와 복제를 금합니다.

Preface

좋은 기회는 '지금이야말로 행동할 때' 라고 생각하는 때이다.

기회는 돈이나 물건처럼 쌓아 둘 수 없다.

기회는 너무 빨라도 안 되고 늦어도 안 된다. 바로 '지금이다!' 라고 느끼는 순간 행동해야 기회를 잡을 수 있다.

사상 최악의 혹독한 장기불황 속에서 많은 사람이 호시탐탐 기회를 찾으려고 한다. 하지만 사람이 많이 다니는 큰길에는 이런 기회가 널려 있지 않다.

'사람이 가지 않는 곳에 길이 있고 꽃동산이 있다' 라는 일본 격언이 있듯 많은 사람이 눈길조차 주지 않는 뒷길이나 샛길에 주목해야 한다. 여기서 말하는 뒷길에는 우리나라 사람이 적은 외국이라는 의미도 들어 있다.

사실은 이 격언 뒤에 이런 문구가 이어진다.

'……이왕 가려면 소문이 나기 전에 가라.'

기회 포착이 중요하다는 말이다. 즉, 너무 빨라도 늦어도 안 된다.

이는 도요타자동차의 생산관리방식인 'Just in time' 과 같은 의미다.

여기서 잠깐 도요타자동차와 관련된 이야기를 소개하겠다.

도요타자동차의 생산관리방식, 이른바 '간판 방식'은 당시 부사장이었으며 1990년에 사망한 오노 다이이치(大野耐一) 씨의 발상에서 비롯되었다. 그는 미국에 출장 갔을 때 자동차 생산과 아무런 관련도 없는 슈퍼마켓을 견학했다. 그리고 그곳에서 다음과 같은 사실을 발견했다.

- 고객은 상품이 필요할 때 슈퍼마켓을 찾는다.
- 고객은 필요한 상품만 구입한다.
- 고객은 필요한 상품을 필요한 양만 구입한다.

오노 씨는 아무도 알아차리지 못했던 사실에 주목했다.

그리고 이런 점을 평소에 품었던 의문과 연관 지었다.

"우리 공장은 여러 공정을 거치며 필요하지도 않을 때, 필요하지도 않은 쓸데없는 부품이나 물건을 생산했다.

그러므로 슈퍼마켓과 마찬가지로 필요한 물건만, 필요할 때, 필요한 양만큼 공급하는 체제를 갖추면 엄청난 재고 비용이 줄어들고 그만큼 커다란 이익을 얻을 수 있다."

그는 이 발상을 출발점으로 시행착오를 거듭한 끝에 세계 자동차 제조업체가 경악한 '간판 방식' 을 완성시켰다.

도요타자동차의 예는 앞에서 말한 '사람이 가지 않는 길에 꽃동산(기회)이 있다' 와 통한다.

그러나 남이 가지 않는 길에서 기회를 잡는 일은 기업에만 해당되는 이야기가 아니다.

지금은 전례 없는 월급생활자의 수난시대다. 그러므로 '사람이 가지 않는 곳에 길이 있고 꽃동산이 있다' 라는 사고방식과 생활 태도가 중요하다.

좋은 기회를 잡으려면 다음과 같은 조건이 필요하다.

첫째, 신속하게 판단하고 행동해야 한다. 돌다리를 지나치게 오래 두드리지 않는다.

둘째, 유연한 발상과 사물을 파악하는 관점이 성공과 실패를 좌우한다. 즐길 수 있는 사람이 되어야 한다.

셋째, 관심이 편향되거나 사고 범위가 좁으면 안 된다. 좋고 싫음이 심하지 않아야 한다.

넷째, 정보가 빈곤해서는 안 된다. 자기계발서 등을 읽고 자신의 행동에 적용할 줄 알아야 한다.

다섯째, 연하장의 숫자가 자신의 나이보다 적으면 곤란하다. 인맥이 풍부한 사람은 연하장 숫자도 많다.

여섯째, 아는 체하는 사람은 좋지 않다. 자꾸 남에게 질문할 수 있어야 한다.

일곱째, 아무런 의심이 없는 사람은 안 된다. 지나치게 의심하거나 무조건 믿는 것도 곤란하다. 적당히 의심하는 편이 좋다.

나는 본문에 '고지마(幸島)의 늙은 원숭이' 에 대해 소개했다.

그때 이야기하겠지만 기회를 잡을 때 방해가 되는 요인 가운데 하나가 '각인(刻印 : imprinting)' 이다.

예를 들면 오리가 갓 태어났을 때부터 사람이 보살펴줬다고 하자. 오리는 사람을 어미라고 믿고 졸졸 따라다닌다. 요컨대 오리에게 사람이 각인된 것이다.

사람은 모두 다른 인생을 산다. 과거에 받은 '각인'에서 벗어나지 못하는 사람은 환경에 따라 변화하지 못하고 경직된 상태로 머문다.

남이 가지 않는 길에서 새로운 발견을 하는 사람이나 남이 하지 않는 일에 도전하는 사람은 과거의 각인을 과감하게 버릴 수 있는 용기가 있다.

나는 '승룡회(昇龍會)'라는 연구 조직을 이끌고 있는데 이 책을 집필할 때 승룡회 회원에게 많은 도움을 받았다. 그 점에 대해 정말 감사한다.

그리고 나는 여러 곳을 돌아다니며 일하기 때문에 그곳에서 얻은 경험이 원고를 쓰는 데 큰 도움이 된다. 이 책은 여러 기업과 다양한 사람을 만나서 완성된 결정체다.

끝으로 이 책을 읽는 여러분에게 고마움을 전한다.

후타미 미치오

CONTENTS

제2장 후유증이 무서운 '습관적으로 일하는 병'을 고쳐라

CONTENTS

제4장 회사를 올바르게 판단할 수 있는 드러난 정보와 숨은 정보

CONTENTS

제6장 인생의 승자와 패자는 어떤 점이 다른가?

발상의
전환으로 살아남기

제1장

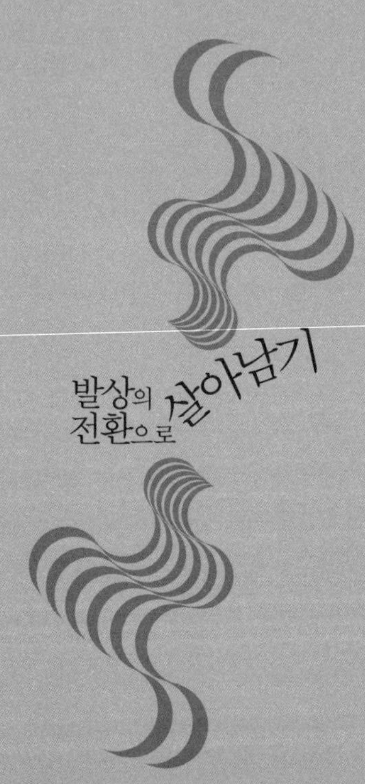

발상의 전환으로 살아남기

왜 남이 가지 않는 길에 기회가 있는가?

성공할 수 있는 기회는 큰길에 널려 있지 않다

'버섯이 천 명의 다리 사이로 빠져 나간다' 라는 말을 들어본 적이 있는가? 혹은 송이버섯을 직접 캐 본 경험이 있는가?

나는 히로시마에서 살던 어린 시절 송이버섯을 캐러 간 적이 있는데 아무리 찾아도 좀처럼 송이버섯이 눈에 띄지 않았다. 그런데 내가 열심히 찾은 후 '없다' 라고 판단한 장소에서 전문가가 송이버섯을 찾아낸 일이 있었다. 한편으로 억울한 마음이 들기도 했지만 내가 포기한 곳에서 커다란 송이버섯을 캐냈다는 사실이 놀라웠다.

이 경험은 '버섯이 천 명의 다리 사이로 빠져 나간다' 라는 교훈과 어울리는 예라고 할 수 있다.

일본은 1990년 무렵까지 큰길이라고 할까, 국도 같은 커다란 간선도로(시장)로 살짝 눈을 돌리기만 해도 돈벌이가 되는 일은 많았다.

예를 들어 음식업이 돈을 잘 번다고 너도나도 음식점을 열었는데 모두 돈을 잘 벌었다. 물론 각 음식점마다 돈 버는 방법에는 차이가 있었다. 하지만 일본의 거품경제가 무너지고 연달아 대만과 홍콩, 싱가포르의 거품경제도 붕괴하자 상황이 달라졌다. 국내에서 벗어나 세계시장으로 눈을 돌려 돈이 될 만한 소재를 찾아야 했고 그 결과 국제적으로 경쟁이 치열해졌다.

이렇게 되자 일본의 큰길이나 간선도로에는 아무 것도 남지 않았다. 특히 5, 6년 전의 성공 경험으로 시장을 바라보는 사람은 새롭게 돈이 될 만한 소재를 발견하기 어려웠다. 시장 환경이 크게 변했기 때문이다.

이런 시대 흐름 속에서 남을 쫓아가기만 하는 사람은 아직 남아 있는 뒷산의 송이버섯을 발견하지 못하고 무엇을 하면 좋을지 모르게 된다.

현실은 냉엄하다. 먼저 이 점을 확실히 깨닫기 바란다.

많은 사람이 찬성하는 안건을 부정한 거물

제2차 세계대전 후에 '일본화약제조'라는 회사가 '일본화약'으로 다시 탄생했다.

일본화약의 초대 사장은 실업가로 유명한 하라 야스사부로(原安三郎)라는 사람이다.

하라 씨는 종종 일종의 역발상을 언급했다.

"새로운 일을 시작하려고 회의를 열면 60, 70퍼센트가 찬성하는 안건이 있기 마련이다. 하지만 이런 안건은 경쟁사가 이미 추진 중이거나 준비하는 안건일 수 있기 때문에 대부분 채택하지 않는다. 새로운 안건이 낯설지 않다는 것은 다른 사람도 이미 생각했을지 모른다는 증거가 되기 때문이다.

한편 반대하기도 어렵지만 찬성할 근거도 없어 모두 고개를 갸웃거리며 잘 모르겠다고 말하는 안건이 있다. 이렇게 찬성이 적은 안건은 긍정적으로 검토할 여지가 있다."

이런 발상이 바로 '남이 가지 않는 길에 기회가 있다'를 의미하는데, 여기에 하라 씨의 개성 넘치는 에피소드를 하나 소개하겠다.

어느 날 하라 씨가 NHK 대담 프로그램에 출연했는데, 녹화가 끝난 후 NHK 직원이 그에게 사례금을 들고 왔다.

"사례가 너무 적어서 죄송합니다. 영수증에 서명 부탁드립니다."

이 경우 그냥 서명하는 것이 보통인데 하라 씨는 바로 서명하지 않고 봉투 안에서 현금을 꺼내 내역서와 동전까지 꼼꼼히 확인한 후 서명했다고 한다.

나는 이 에피소드를 당시 각광받는 경영학자로 그 프로그램의 출연자였던 사카모토 후지요시(坂本藤良) 씨 로부터 들었다.

남이 가지 않는 길이라 해도 사행산업이나 인터넷의 이상한 거짓정보와 혼동해서는 안 된다.

당신의 두뇌 기준을 새롭게 만들어라

이번에는 성공, 즉 돈벌이가 되는 일은 큰길에 널려 있지 않다는 사례를 소개하겠다.

'오후의 홍차'라는 음료수는 젊은 여성에게 매우 인기가 있다. 한창 때는 '오후의 홍차'가 제조사인 기린맥주의 전체 청량음료 매출에서 24퍼센트를 차지할 정도였다.

당시 영업부장이었던 가메이 고지(龜井弘次) 씨가 용기 있게 고백했다.

"개발부문의 젊은 여사원이 새로운 안건을 들고 찾아왔을 때 저는 레몬이나 우유를 첨가한 제품은 절대 안 팔린다고 말했습니다."

그리고 이렇게 덧붙였다.

"그때 제가 단호하게 반대했던 일을 생각하면 지금도 끔찍해요."

부하가 있는 사람은 가메이 씨의 반성을 참고하면 좋을 것이다.

현대의 격변하는 환경에서는 새로운 일을 할 때 5년이나 10년 전의 가치관을 판단기준으로 삼으면 안 된다.

웃음의 왕자인 시무라 겐(志村けん) 씨는 말했다.

"20세기의 30센티미터 잣대는 21세기에는 30센티미터가 아니다. 10년 전의 잣대는 지금의 기준과 다를지도 모른다."

자신은 현대 기준에 어울리는 발상을 했다고 생각하지만 옆에서 보면 그렇지 않은 경우도 있다. 그리고 이런 사람은 의외로 많다.

최근에 어떤 사람이 "직장상사로부터 후타미 미치오 선생님 책을 읽어 보라는 권유를 받았습니다"라며 10년 전에 절판된 책에 관해 문의해왔다. 나는 그 상사의 추천에 감사하지만 그 상사가 과거의 기준으로 부하를 지도하려 한다는 느낌을 받았다. 당신은 그렇게 생각하지 않는가?

02 '다 함께 전진한다' 라는 말은 이제 과거형이 되었다

집단주의 발상

조셉 머피(Joseph Murphy : 철학·법학 박사, 교육자이며 저술가로 정신법칙에 관한 세계적인 권위자-역주) 박사가 이런 말을 했다.

"회사는 집단이다. 그 집단에서 성공하려면 개인도 집단주의 사고방식을 지녀야 한다."

하지만 집단주의 발상은 때로는 심각한 폐해를 준다. 이와 관련된 예를 하나 소개할까 한다.

교토에 호리바제작소(堀場製作所)라는 엔진 계측기 제조업체가 있다.

호리바제작소의 창업 회장인 호리바 마사오(堀場雅夫) 씨는 자신의 책에서 이런 이야기를 했다.

어느 날 호리바 씨가 어떤 현장을 돌아봤다. 그런데 전에 개발 중지

명령을 내렸던 물건이 보였다. 담당자에게 폐기하지 않은 이유를 물었더니 그는 다음과 같이 자신의 의견을 말했다.

"회장님은 잘 팔리지 않을 거라 말씀하셨지만 저는 그렇게 생각하지 않습니다. 그래서 연구를 계속하고 있습니다. 앞으로도 제가 계속 연구할 수 있도록 해 주십시오."

호리바 씨는 그가 고집스럽다고 생각했다. 그는 묵묵히 연구하다가 적당한 순간에 호리바 씨의 허락을 얻어내려고 기회를 노리고 있었던 것이다.

훗날 호리바 씨는 말했다.

"그 제품은 결국 호리바제작소의 최고 히트상품이 됐습니다. 그때 그 사람처럼 자신감에 차서 자기주장을 하는 사원은 보기 힘듭니다."

아무도 주장하지 않는 것을 주장할 수 있는 능력이 내가 말하고자 하는 주안점이다.

집단주의 발상에만 안주했다면 이런 성공은 거둘 수 없었을 것이다.

일본 기업의 고질적인 병폐

일본 기업은 예전부터 집단주의 발상을 선호했다.

그 대표적인 집단 시스템으로 'TQC' 가 있다. TQC는 'Total Quality Control' 의 약자로 '종합적 품질 관리' 라는 의미다. 이것은 일본 전역에서 유행한 시스템으로 일을 효율적으로 추진하기 위해 만들어졌다.

그런데 어떤 한심한 대형 은행이 융자를 할 때 'TQC를 적용하라' 는 조건을 달았다.

TQC를 간단히 설명하면 '현장에서는 이 주제와 목표를 내세워 이렇게 달성했다' 는 검토 결과를 현장 직원이 임원 앞에서 발표하는 것이다.

이때 임원은 현장 직원에게 힘내라고 격려만 하면 된다.

경영자가 집단주의 발상을 선호하면 그가 요구하는 대로 순순히 따라오는 사원을 모두 집단주의 발상의 포로, 즉 일종의 피해자로 만들게 된다.

내가 나고야에 있는 한 회사를 방문했을 때 회의실에서 TQC 검토회의를 하고 있었다.

그런데 안에 들어가서 이야기를 들은 뒤 '이렇게 어이없는……' 하고 놀랐던 기억이 있다.

주제가 '왜 우리는 TQC를 할 때 적게 모이는가?' 였기 때문이다.

실로 집단주의 발상이 아닐 수 없다. 기껏 모여서는 의미 있는 소수 의견을 무시하고 책임 소재를 찾기 위해 쓸데없이 시간만 허비하는 회의를 하고 있었던 것이다. 그들은 수단과 목적을 혼동하고 있었다.

어느 조립 공장에서 작업 시간 단축을 주제로 TQC를 실시했다. 도달 시기를 1년으로 예상했지만 6개월 만에 목표를 달성했다.

그런데 얼마 후에 회장이 이상한 점을 발견했다.

"실제로 작업 시간은 하루에 1시간 정도 단축했다. 하지만 단축된 시간을 어떻게 활용해야 할지 생각하지 않았기 때문에 결국 휴식시간만 1시간 더 늘린 셈이 되었다."

얼마나 바보 같은 일인가?

엉망인 조직일수록 집단주의 발상을 하는 사람이 많다

영화감독 기타노 다케시(北野武)는 "빨간불이라도 다 같이 지나가면 무섭지 않다"라는 농담을 한 적이 있다. 그런데 월급생활자가 바로 이런 생각에 젖어 있는 듯하다.

그것은 모든 사람이 이쪽 방향이라고 하면 그쪽으로 가야 무난하다는 생각, 즉 남과 다른 말을 해서 손해를 입기보다는 다 같이 한 방향으로 가는 편이 안전하다는 발상이다.

그러나 이런 집단주의 발상은 치열한 경쟁사회에서 새로운 가치를 만들어 내지 못한다.

난 가끔 사무실 근처 이케부쿠로 역 서쪽 출구에 있는 백화점과 동쪽 출구에 있는 백화점에 간다.

나는 7,8년 전부터 아는 사람과 가족에게 다음과 같은 이야기를 했다.

"대중매체에서는 A백화점을 자주 화제로 삼는데 난 B백화점을 높이 평가해. B백화점은 배치(layout)와 색채, 장식(display)이 뛰어나다는 느낌이 들거든. 산책하듯이 돌아다녀도 별로 피곤하지도 않고 말야."

그런데 A백화점은 무슨 일이든 회의에서 결정된 일만 하려는 나쁜

습성이 남아 있는 듯했다.

그렇지 않으면 이런 매장이 출현할 리가 없다.

어느 여름 A백화점 지하 매장에 유카타(浴衣 : 목욕을 한 후 또는 여름에 입는 무명 홑옷-역주)를 입은 마네킹이 전시되었다. 그런데 얼마 지나지 않아 게타(下駄 : 나막신-역주) 끈이 떨어져 발끝에 늘어졌다. 매장에 유카타를 전시한 이유는 고객에게 여름이란 느낌을 줘서 구매욕에 불을 붙이기 위해서였을 것이다.

그런데 한 달 동안 아무도 게타 끈을 바로잡지 않았다. 그대로 계절은 가을로 향했고 마네킹은 철거됐다.

지하 매장에는 주임은 물론 계장, 과장도 있을 테고 가끔씩 임원도 내려올 것이다.

그러나 A백화점에는 '다 같이 지나가면 무섭지 않다' 라고 생각하는 사람만 있는 듯했다. 결국 모두 집단주의 발상에 빠져 스스로 바꾸겠다고 나선 사원이 한 명도 없었던 것이다.

A백화점에는 한 푼이라도 더 팔겠다는 의식을 지닌 사원이 한 명도 없다고 말하면 너무 지나친 표현일까?

A백화점은 몇 년 전, 관리자를 중심으로 직원 수백 명을 정리해고 했다. 하지만 상황은 나아지지 않아 다른 백화점과의 합병 소식이 들린다.

이는 회사에 손해만 초래할 뿐인 과거의 발상 기준을 지닌 사람들이 여전히 조직을 병들게 하고 있기 때문이다.

이제 '성공은 실패의 원흉'인 시대가 됐다. 들떠서 날뛰면 상황은 역전된다

회사의 성공이 해이한 사원을 만들었다

'실패는 성공의 어머니'라는 말은 많이 들어 봤을 것이다. 또 '실패를 두려워하지 마라', '실패하지 않는 이유는 아무 일도 하지 않았기 때문이다'라는 말도 있다.

그런데 지금은 과거에 크게 성공했던 회사가 파산하면 '성공(과신)은 실패의 원흉'이라고 한다. 이러한 경영파탄 현상은 거품경제 붕괴 후 급속히 증가했다.

예전에 후지샷시공업이란 회사가 있었다. 후지샷시공업은 1965년부터 1975년 초까지 빌딩용 새시업계에서 최고의 시장점유율을 자랑했다. 그래서 '걸리버형 독과점(어떤 업종에서 한 회사의 시장점유율이 다른 기업과 격차가 극심한 상태-역주)' 기업으로 불리기도 했다.

어느 날 나는 후지샷시공업의 유력한 판매대리점을 방문했는데 그때 영업본부의 판매촉진과장과 그의 부하도 동행했다. 판매대리점은 제조업체를 대신해서 소매점에 제품을 도매하고 판매를 촉진하는 중요한 구실을 한다. 요컨대 판매대리점은 제조업체의 가장 중요한 고객이다.

이렇게 중요한 판매대리점에 가는데 웬일인지 두 사람은 길을 헤맸다. 과장이 "이쪽 아닌가?"라며 운전대를 왼쪽으로 꺾자 부하는 "과장님, 그쪽이 아니에요. 오른쪽으로 가서야 해요"라고 다른 의견을 내놓았다.

당시 새시업계 최강자는 후지샷시공업이었고 그 뒤를 도요샷시와 YKK가 이었다. 그런데 시장점유율 60퍼센트를 자랑했던 후지샷시공업은 도요샷시와 YKK를 얕봐 후지샷시공업 전체에 안이한 의식이 만연했다. 그리고 이렇게 해이해진 기운은 본사의 판매촉진과장에게 미쳤다.

다시 말하면 대규모 회사의 성장(성공) 그늘에서 사실은 파탄의 싹이 조금씩 돋아나고 있었던 것이다. 나는 고객에게 찾아가는 길도 확인하지 않은 판매촉진과장의 모습에서 '성공은 실패의 원흉' 이란 조짐을 보았다. 아무리 시장점유율이 최고인 회사라고 해도 방심하면 제 무덤을 팔 수 있다. 들떠서 날뛰다가 상황이 역전되기도 하는 것이다.

들떠서 날뛰는 사람은 자신의 실상을 보지 못한다

1997년 말 대형 증권사인 Y증권이 파산했다.

어느 날 50세 전후로 보이는 예전 Y증권 사원이 텔레비전에 출연했다. 그런데 나는 그의 진부한 의식과 높은 자존심에 거부감이 들었다.

"이 나이가 되면 좀처럼 취업 기회를 얻기 힘들어요. 그러니까 'Y

증권사에 다녔다는 자존심만 지킬 수 있다면’ 무슨 일이든 다 하겠습니다.”

이 말에는 교만한 마음이 숨어 있다. ‘난 천하의 Y증권사에 있었단 말이야!’ 라는 성공한 사람의 마음이 엿보이기 때문이다.

이번에는 일본 IBM의 사례를 소개하겠다. 이 회사의 모 사장은 작은 회사로 파견을 나가거나 옮기는 사원에게 직접 인쇄한 메시지를 전달한다. 몇 가지 기억에 남는 것만 열거하면 이렇다.

- 나는 원래 IBM사원이었다는 오만한 마음은 깨끗하게 버려라.
- 차 심부름이나 청소도 할 수 있다는 각오를 가져라.
- 모든 사람에게 먼저 겸손하게 인사하라.

대기업에 다녔다는 우월감(성공의식)으로 중소기업을 깔보는 말과 행동을 하면 인간관계에서 화를 불러올 수 있다는 따뜻한 메시지였다. 사장은 과거의 사원들을 통해 그들이 교만한 마음을 가질 수 있다는 사실을 알고 있었던 것이다.

우쭐대다가는 큰코다친다

어느 날 나는 고문을 맡고 있는 어느 연료회사를 방문했다.

그런데 마중을 나온 사원이 사장님이 기다린다며 현장이 아닌 본사로 나를 안내하는 것이 아닌가.

"일정을 변경해서 죄송합니다만 실은 선생님이 꼭 만나 주셨으면 하는 사람이 있습니다."

석유정제회사인 D석유의 부탁으로 그곳 부장이었던 사람을 채용했는데 거래처 평판이 안 좋으니 내가 만나서 한번 확인해 달라는 이야기였다.

그런데 그 부장이란 사람이 사장실에 들어와서 내 얼굴을 보더니 깜짝 놀라는 표정을 지었다.

그는 D석유의 인재개발부장으로 2년 전에 내 사무실을 방문한 적이 있었다.

나는 그날 일을 생생히 기억한다. 그는 소파에 앉아 다리를 꼬고 말했다.

"후타미 미치오 선생은 석유와 관련된 일을 해본 경험이나 있나요?"

말투가 지나치게 무례하고 오만했다. 자기가 다니는 회사의 규모가 크니 자신도 대단하다고 착각하는 모양이었다. 목도리도마뱀(위험을 느끼거나 상대방을 위협할 때 목둘레의 '목도리(frill)'를 우산 형태로 펼치고 몸을 일으키며 입을 크게 벌리는 특징이 있다-역주)과 같은 태도였다.

당시 나는 그의 의뢰를 거절했다. 그런데 바로 그가 전에 다니던 회사에서 쫓겨나 지금의 연료회사에 입사한 것이다. 그도 이제 운이 다한 듯했다.

그는 신입사원도 잘하는 인사조차 제대로 하지 못했다. D석유에 다니던 몇 년 아니 몇 십 년 동안 곳곳에 있는 주유소 직원의 인사를 받아서 먼저 인사할 필요성을 못 느꼈던 것 같다. 하지만 그 결과는 어떤가?

"이봐. 요즘 자네 회사에 전화를 하면 무뚝뚝하게 받는 사람이 있어."

거래처 몇 곳에서 자신과 가깝게 지내는 D석유 영업사원에게 이렇게 말했다. 무뚝뚝한 아저씨는 바로 그였다.

결국 그는 연료회사를 그만두었고 그 후 소식은 모른다. 다만 전에 다니던 D석유로 돌아가지는 못했을 것이 분명하다. 우쭐대다 큰코다친 격이다.

04 성공하는 사람은 전례 없는 발상을 많이 한다

전례 없는 발상이 시대를 바꾼다

신상품을 개발하면 이런 질문을 많이 받는다.

"뭔가 구체적인 예는 없나요?"

하지만 이 질문은 좀 이상하다. 예가 없기 때문에 신상품이 아닌가? 이처럼 전례를 그대로 따르려는 발상은 문부과학성(文部科學省 : 한국의 교육인적자원부에 해당되는 기관-역주)의 관리와 같다. 내가 이렇게 말하는 데는 이유가 있다.

도호쿠대학(東北大學) 학장이었고 현재 이와테현립대학(岩手縣立大學) 학장이며 반도체 연구 분야의 일인자인 니시자와 준이치(西澤潤一) 박사는 자신의 저서에서 다음과 같이 지적했다.

"문부과학성에 연구개발비를 신청하는 서식에는 관련 사례를 기입하는 칸이 있다. 하지만 사례가 없기 때문에 연구개발을 하는 것이 아닌가?"

지극히 당연한 지적이다.

또 텔레비전이나 잡지에서 어떤 사람을 소개할 때 수십 년 전에 그 자리에서 물러났는데도 '전○○○' 라고 할 때가 많다. 도대체 언제까지 '전○○○' 라고 할 것인가?

'전○○○' 라는 소개가 아무런 의미가 없다는 말은 아니다. 다만 현재의 그를 소개할 것이 그만큼 적다는 점이 문제다.

독창적인 사람은 당연하다고 생각되는 일인데도 '그게 아니지 않나?' 라며 다른 의견을 내놓는다. 지금은 큰길에 돈이 되는 일이 널려 있는 시대가 아니기 때문에 이런 발상이 쉽게 성공으로 이어진다.

최근에 내가 감탄한 사례가 있다. 곤경에 처한 다이에 백화점의 신임 사장이 생각해 낸 '하루에 두 번 개점한다' 라는 상법이 바로 그것이다. 그는 역 앞에 위치한 가게의 폐점 시간을 밤 10시로 연장했다.

그 두 번째 개점은 오후 4시로 오후에 도착한 상품을 진열한다.

그리고 오후 상품에 '저녁에 바로 먹을 수 있는 음식'을 늘렸다. 그 것은 역에서 퇴근하는 사람이 쏟아져 나온다는 점을 감안한 발상이었는데 매출이 단숨에 10퍼센트나 상승했다. 왜 그 전에는 전례 없는 발상을 내놓지 못했을까? 곰곰이 생각해 볼 문제다.

사랑하는 아이와 목욕을 하다가 떠올린 발상

직장인 대부분은 상사에게 "어떻게 해야 할까요?"라며 의견을 묻고 상사의 의향에 따라 일을 처리한다. 그 중에는 "이렇게 하고 싶습니다만……"이라고 상사에게 제안하는 사람도 있지만 그 수는 매우 적다. 적어도 당신은 그런 사람이 되기 바란다.

혹시 '수중 크레인'이라는 제품을 알고 있는가? 어쩌면 일반 생활용품이 아니기 때문에 모르는 것이 당연할지도 모른다.

수중 크레인은 세도대교(瀨戶大橋 : 완성에 10년이 걸린 전장 9.4킬로미터의 다리)의 교각을 바다 속에 세우는 대형 공사에서 커다란 구실을 했다. 그런데 과연 이 제품은 누가 고안했을까?

수중 크레인의 기술적 기초는 내가 고문으로 있는 회사의 당시 영업 계장이 목욕을 하다가 생각해 냈다고 한다.

그가 사랑스러운 아들과 목욕을 하는데 언제나 그랬듯이 아이가 물장난을 시작했다.

바가지를 거꾸로 집어넣어 물 속으로 가라앉히자 내부에 숨어 있던 공기가 거품이 되어 보글보글 솟아올랐다. 아들은 그 거품을 아버지 엉덩이 부근에서 발생시키고는 "아빠, 방귀 뀌었죠?"라며 놀려 댔다.

"그 거품을 보자 어떠한 생각이 떠올랐어요. 풍선이에요! 바다에 다리를 세우려면 먼저 해저에 교각을 세워야 하죠.

아시다시피 저희 회사는 생산재를 취급하는 곳이므로 여러 공사 현장을 알고 있습니다. 또한 해저 암반정비작업의 어려움도 잘 알고 있고요."

그는 사랑하는 아이와 목욕 중에 생각해 낸 아이디어를 상사와 의논후 회사에 제안했고 마침내 '수중 크레인'이라는 제품이 탄생했다.

전례 없는 발상으로 현재 상황에서 벗어나라

그는 내게 이런 이야기도 했다.

교각을 세우는 해저 암반은 평평해야 좋은데 실제로는 울퉁불퉁한 경우가 많다. 그러므로 암반을 폭파해서 평평하게 만들어야 한다. 잠수부가 폭파 작업을 하면 커다란 암반에 균열은 생기지만 암석이 완전히 떨어져 나가지 않고 계속 암반에 붙어 있다. 또한 암석을 옆으로 떼어 내는 작업은 상당히 어려운데 암석을 밧줄로 매서 바다 위에 있는 트롤선(trawl-boat)으로 신호를 보내면 비로소 서서히 움직이기 시작한다.

영업계장이 목욕탕에서 생각해 낸 '수중 크레인'의 원리는 이렇다. 공기가 빠진 풍선을 암석에 묶고 트롤선에서 풍선으로 공기를 보낸다. 풍선이 부풀어 오를수록 암석은 흔들흔들 떠오르게 되고 그 다음에 잠수부가 옆으로 움직인다.

이 아이디어는 훌륭하게 증명되었고 '수중 크레인'은 세도대교 건설 공사 이후 각지에서 크게 활약했다. 바로 사랑하는 아이와 목욕을 하다 떠올린 아이디어가 바탕이 된 것이다.

'수중 크레인'은 우리 주변에서 볼 수 있는 소비재와 달라서 화제에 오르는 일이 거의 없다. 따라서 일반인은 잘 알지 못한다.

새로운 발상에 관심이 많은 사람에게는 참고가 되는 이야기라고 생각한다.

수십 톤이나 되는 커다란 암석을 풍선으로 움직인다는 발상은 전례에 얽매이는 사람에게는 꿈같은 이야기다. 하지만 이제는 전례 없는 발상으로 현재 상황에서 벗어나야 하지 않을까.

현재 '수중 크레인'은 해난구조기관에서 난파선을 끌고 가거나 물속에 가라앉은 물건을 끌어올릴 때 자주 사용된다.

05 몰락해 가는 회사는 항상 회의만 한다

책임 분산에 이용되는 회의

어느 회사의 회의실에는 '회의 6계'가 붙여져 있다. 알맹이가 없는

회의에 의존하면 기회를 잡기 어렵기 때문이다.

1. 회의(回議) - 책임을 회피하는 회의는 집어 치워라.

2. 괴의(怪議) - 아무 근거도 없는 감정론에 치우친 이상한 회의는 그만둬라.

3. 개의(改議) - 회의를 다시 해야 하는 논의는 하지 마라.

4. 괴의(壞議) - 의견 교환을 할 때 신선함이 없는 회의는 그만둬라.

5. 패의(貝議) - 조개처럼 입을 꽉 다물고 있어서 아무 의견도 나오지 않는 회의는 근본적으로 문제가 있다.

6. 회의(悔議) - 참석하지 않는 편이 좋았다고 생각되는 회의에는 문제가 숨어 있다.

나는 직업상 많은 회의에 옵서버(observer : 회의에서 발언권은 있으나 의결권이 없는 방청자(傍聽者)-역주)로 참석한다. 그런데 나는 회의를 경영컨설팅에 앞서 제일 먼저 회의가 개선해야 할 문제 가운데 하나라고 생각한다.

어느 유명 은행이 파산했을 때 이 은행에서 융자를 받았던 S사도 연쇄적으로 무너졌다.

S사의 회의는 실제로는 '최고경영자의 의향을 전달하는 모임' 이었다. 사장은 절대로 참석자에게 "뭔가 의견이 있나?" 라고 묻지 않았다.

원래 회의는 참석자의 의사를 통일하거나, 새로운 문제에 관한 대책을 세우거나, 과거의 실적을 검토하거나, 최고경영자의 방침을 알리거나, 돌발적으로 발생한 문제에 대처하기 위해서 열린다. 하지만 엉망인 조직의 회의는 균형을 잃고 한쪽으로 치우쳐 있다.

그런데 의외로 제 구실을 하지 못하는 회의가 많다.

게다가 회의를 교묘하게 사적으로 이용하는 사람도 적지 않다.

그런 사람은 다음 회의에서 검토하자거나 다른 사람의 의견을 들어본 후 결정하자는 식으로 말하면서 절대로 "나는 이렇게 생각하는데……"라고 하지 않는다. 또 '나'라는 1인칭을 사용했을 때 자신에게 돌아올 책임을 두려워하며 자신을 가장 중요하게 여긴다.

잘못된 회의와 이를 교묘하게 이용하는 사람이 만난다면 그 조직의 실적은 틀림없이 곤두박질 칠 것이다.

외국인도 의문을 품는 일본의 기업 회의

일본은 1990년 무렵까지 경제성장기였다. 또 아시아 경제선진국이므로 외국에서 많은 사람들이 기업을 연구하기 위해 찾아왔다. 외국인은 일본의 기업 회의를 이렇게 평가했다.

"일본에 와서 회의를 너무 자주 하고 또 회의 시간이 긴 것에 무척 놀랐습니다. 하지만 오랜 시간을 회의에 투자해서 얻어 낸 합의가 신속하게 행동으로 이어졌으므로 결국 일을 능률적으로 할 때 회의가 도움이 된다는 사실을 깨달았습니다.”

이는 한때 일본이 아시아, 나아가서는 세계의 경제를 이끄는 국가였기에 받을 수 있었던 평가다.

그러나 일본 경제가 침체기로 접어들자 외국인도 역시 일본의 기업 회의가 문제였다고 최종 평가를 내렸다.

그래서 이번에는 바람직한 회의 모습을 소개하고자 한다.

M사는 관광객에게 인기가 높은 구마모토(熊本)의 명물 모치가시(餠菓子 : 떡, 찹쌀, 메밀 등을 원료로 만든 과자-역주)를 제조한다. M사의 월례 간부회의를 예로 들어보자.

1. 매월 과장들이 번갈아 가며 사회를 본다. 사회를 잘 보는 사람은 남의 마음도 잘 조종할 수 있다.

2. 사회자는 회의 시작 전에 이런 말로 개회를 선언한다.

“오늘 회의 참석자는 ○○명입니다. 회의는 ○시 ○분까지 하겠습니다. 참석자 전원의 실질 인건비는 ○○엔입니다. 간부의 판매액 대 인건비 비율은 ○○퍼센트이므로 이 수치에서 역산하면 최소한 판매액 ○○엔에 상당하는 회의 성과를 올려야 합니다.”

3. 회의 참석자는 이런 점을 주의해야 한다.

　　① 누구누구 씨와 같은 의견이라고 하지 마라. 자신의 의견을 말하라.

　　② 정해지면 따르겠다고 하지 마라. 의견은 참석자가 정한다.

③ 잘 모르겠다고 하지 마라. 의제를 연구한 후 회의에 참석하라.

④ 출장 핑계를 대지 마라. 정기회의 불참은 회의에서 도망치는 태도로 간주한다.

⑤ 회의 상황을 부하에게 그대로 전달하지 마라. 회의를 자신의 것으로 완전히 소화시켜라.

4. 회의에서 세 번 연속 적극적으로 발언하지 않을 때는 회의 참석 자격을 부여할 것인지를 다시 검토한다.

5. 비상사태가 아닌 한 지각은 허용되지 않는다.

6. 주위의 발언에 지배당하지 말고 자신의 발언으로 주위를 움직인다고 생각하라.

7. 회의는 '과거의 안건 40퍼센트', '미래의 안건 60퍼센트'의 비율로 하라.

회의에서 조직의 체질이 드러난다

지금 소개한 M사의 회의를 '설마????'라며 의심하는 사람이 있을지도 모른다. 아마도 이런 사람은 엄격하지 않은 회의에 익숙해졌기 때문일 것이다.

내가 T사에서 컨설턴트로 있을 때의 일이다. 도쿄 본부장에게 "내일 입사하는 M종합상사 출신의 사람을 좀 도와주세요"라는 부탁을 받았다.

T사에서 채용하는 컨설턴트는 관리직 경험자라는 조건이 붙어 있기 때문에 하나하나 친절하게 알려 주지 않아도 된다. 그 대신 하루 동안 선배 컨설턴트가 따라다니며 여러 가지를 가르쳐 준다.

한번은 그와 점심식사를 하러 갔는데 "잠깐 전화 좀 하고 오겠습니다"라며 사무실로 들어가서 돌아오지 않은 적이 있다.

T사는 매월 첫째 월요일에 아침 회의를 하는데 그때 여비서가 '지난 달의 클레임 노트'를 읽는다. 대충 이런 식이다.

"○월 ○일 ○요일 ○시 ○분 후쿠시마 현(福島縣) 고리야마(郡山)의 S사 ○○전무로부터 전화가 왔습니다. A컨설턴트가 지난달에 S사를 세 번 방문했는데 그 가운데 두 번을 약속시간보다 30분이나 늦었으므로 가능한 한 담당 컨설턴트를 교체해달라는 내용이었습니다."

그는 회의에서 정확히 이름까지 언급하는 모습에 충격을 받은 듯 했다. 이 정도에 놀라는 것을 보니 그가 머물렀던 조직의 회의는 별로 엄격하지 않았던 모양이다. 결국 그는 T사를 떠났다. 원래 입사 1개월 동안은 수습 기간으로 여겨서 가는 사람은 붙잡지 않는다. 내 생각에 그는 혹독한 경제 환경 속에서 기회를 잡는 사람으로 변신하기는 어려 울 듯하다.

당신은 어떤 자세로 회의에 참석하는가?

나는 어느 회사 경영자에게 "간부회의에 참석하는 모 영업소장은 소장 자격이 없다고 생각합니다. 귀사의 어설픈 인사정책을 대변하는 듯합니다"라고 지적했다.

그는 언제나 얼굴을 숙인 채 눈을 치켜뜨고 사람을 본다. 의견을 물으면 우물거리며 항상 겁먹은 표정을 하고 실적을 분석할 때도 왜 그 수치가 나왔는지 배경을 설명하지 못한다.

그러던 어느 날 그가 갑자기 사표를 냈다는 소식을 들었다.

회의는 그곳에 참가한 사람의 일에 대한 자세가 가장 잘 드러나는 자리다.

회의에서는 공부하는 사람, 업무를 연구하는 사람, 회사의 실적을 진지하게 고민하는 사람, 시야의 넓고 좁음, 세상에 대한 관찰력, 인간 심리 통찰력 등이 잘 드러난다. 지금이라도 이런 눈으로 회의를 바라보기 바란다.

어떤 중견 기업 지점에서 영업부문 전체 회의를 했는데 전부 200명이 참가했다.

그런데 나는 그 회사 부장과 과장이 회의에 참석한 태도가 상당히 마음에 걸렸다.

'부하인 E군은 마음대로 사라지는 습관이 있는데 오늘은 회의에 참석했나?' 라는 눈으로 부하를 바라보는 간부가 한 사람도 없었던 것이다.

나는 잠시 회의를 미루고 간부들을 모두 별실로 모았다. 그리고 "부하가 한 사람도 빠짐없이 정각에 모두 집합했다고 확신하는 사람이 있나요?”라고 물었더니 예상대로 아무도 없었다.

회의에서는 간부가 리더십이 있느냐 없느냐가 드러난다.

회의는 ‘자신의 의견이나 사고방식을 다른 참석자에게 묻고 개인의 의견을 조직의 공유의식으로 바꾸는 자리’ 다. 그러므로 이런 생각을 하는 사람은 설득력 있게 의견을 발표할 수 있다.

반면 이런 의식이 없는 사람은 걷기 쉬운 포장도로로만 가고자 하는 사람이다. 즉, 남이 보지 못한 기회를 잡을 수 없다는 말이다.

당신의 회의 참가 자세는 어떠한가?

06 인간의 본질을 알고 싶다면 간판에 현혹되지 마라

외국의 평가를 추종하는 안타까운 현실

시장에는 반드시 ‘진공 시장(vacuum market)’이 있다.

항상 이렇게 생각하며 회사를 다니던 사람이 있었다. 바로 교세라의 창업자인 이나모리 가즈오(稲盛和夫)로 그는 남이 돌아보지 않는 시장을 발견하려고 노력했다.

이나모리 씨는 미국에 세라믹 신제품을 판매하러 갔다 와서 이런 이야기를 했다.

"일본 기업은 제품을 판매하러 가면 보통 회사 연혁이나 실적, 결산서 등을 가져오라고 합니다. 그런데 미국 기업은 순수하게 제품의 품질만 봅니다. 일본 기업은 쓸데없는 곳에 에너지를 낭비하는 경향이 있습니다."

이나모리 씨는 1959년에 교세라라는 회사를 창업했고 1962년에는 미국에 신제품을 판매하는 데 성공했다. 위 이야기는 그때의 체험이다.

1966년에는 IBM사에서 교세라에 대량으로 세라믹을 주문했다. 당시 일본 기업의 경영자는 '저런 풋내기 회사가 무엇을 할 수 있겠는가?'라는 의식을 가졌던 것 같다.

그 무렵 일본에서는 이나모리 씨가 이끄는 교세라를 인정하는 회사가 한 군데도 없었다.

하지만 교세라는 1966년에 세계 굴지의 IBM과 큰 계약을 체결하는 데 성공했고 이는 좋은 제품은 좋다고 순수하게 인정한 결과다. 상황이 이렇게 돌아가자 그때서야 일본에서도 교세라를 평가하는 분위기가 형성되었다. 이렇게 외국의 평가를 추종하는 현상은 지금도 변함이 없다.

간판에 현혹되지 마라

쓰쿠바대학(筑波大學) 명예교수 시라카와 히데키(白川英樹) 씨는

2000년에 노벨 화학상을 수상했다. 교수라는 명칭 앞에 '명예'라는 말이 붙은 까닭은 그가 쓰쿠바대학에서 정년퇴직을 했기 때문이다.

시라카와 씨는 노벨 화학상을 수상하고 나서 이렇게 말했다.

"대개 정년퇴직을 하면 사립대학에서 교수로 초빙하는데 저한테는 아무런 제의도 없었습니다……."

그런데 시라카와 씨가 노벨 화학상을 수상하자 여러 대학에서 교수로 와달라고 제의했다고 한다. 일본인이 간판을 좋아한다는 사실은 교세라와 시라카와 교수의 예로 알 수 있다.

하지만 남이 가지 않는 길에서 기회를 잡으려는 사람은 간판에 얽매여서는 안 된다.

나는 수없이 많은 강연회를 열면서 간판에 사로잡힌 사람이 너무 많다는 사실을 깨달았다.

내가 분명히 "고등학교 2학년 때 아버지 사업이 부도 나는 바람에 대학에 입학한 지 얼마 안 돼서 중퇴를……"라고 소개했는데도 강연회 사회자는 대부분 이렇게 얼버무린다.

"후타미 미치오 씨는 큐슈대학(九州大學)을 거쳐……."

사회자가 스스로 '후타미 미치오 씨를 고졸이라고 소개하면 곤란하다'는 식으로 간판에 얽매이기 때문이다.

혼다기연공업(本田技研工業)의 창업자 혼다 소이치로(本田宗一郎) 씨가 건강하던 시절에 그의 오른팔 후지사와 다케오(藤澤武夫) 씨와 대담을 나눈 적이 있다.

후지사와 : 우리가 혼다기연공업을 창업하지 않았다면 지금쯤 뭘 하고 있었을까요?

혼다 : 대학을 안 나왔으니까 아마도 정비사 옷을 입고 자동차 밑에 기어 들어가 있겠지.

내가 간사이 계열 컨설턴트회사의 도쿄본부에 입사할 수 있었던 것은 당시 그 회사 최고경영자가 학력 등 간판에 평가기준을 두지 않았기 때문이다. 그의 기준은 오로지 '관리직 경험'과 '어떤 실적을 올렸는가?' 였다.

나는 컨설턴트를 하면서 인재은행 부문도 담당했기에 많은 등록자와 이야기를 나눌 기회가 있었다. 그리고 그때 나는 학벌은 있지만 실력이 없는 사람이 상당히 많다는 사실을 뼈저리게 느꼈다.

오래됐지만 참신한 잇큐선사의 가르침

내가 고문으로 있는 회사 간부가 어깨부터 팔까지 깁스를 했다. 승마 연습 중에 말에서 떨어져 골절상을 입었다고 한다. 내가 그에게 말했다.

"어깨가 홀쭉해졌어요. 사용하지 않는 근육은 금세 못쓰게 되나 봐요."

비단 근육만이 아니다. 두뇌도 마찬가지다.

회사가 말하는 대로 또 상사가 말하는 대로 행동하다 보면 관리시스

텐에 완전히 젖어들게 된다.

몇 년 동안 자신의 머리로 생각하거나, 창의적인 연구를 하거나, 문제를 발견해서 해결하는 일을 포기하면 두뇌가 퇴화하는 '폐용성 위축(廢用性萎縮)'에 빠진다.

아무리 일류대학을 나왔다고 해도 두뇌가 점점 퇴화해서 삼류 두뇌로 전락하는 사람이 적지 않다. 따라서 간판은 큰 의미가 없다.

간판 선호를 경계하는 일화로 잇큐선사(一休禪師)의 '보라색 법의'라는 것이 있다.

교토의 다이토쿠지(大德寺) 주지스님이 된 잇큐선사가 부잣집에서 여는 법회에 초청됐다. 그런데 당시에는 법회에 참석하는 스님을 법회 전에 정중하게 공양하는 관습이 있었다.

법회가 열리기 전 어느 날 잇큐선사는 탁발을 하러 그 집 문앞에 섰다. 하지만 누더기를 걸친 모습 때문에 문전박대를 당했다.

드디어 법회가 열리는 날 잇큐선사는 '보라색 법의'를 입고 그 집을 다시 방문했다. 그러자 이번에는 온 가족이 정중하게 맞이했고 눈앞에는 순식간에 산해진미가 차려졌다.

잇큐선사는 그 음식에 손을 대지 않고 법의를 벗어 상 앞에 놔두었다.

이상하게 여긴 주인이 그 이유를 묻자 잇큐선사가 대답했다.

"이 음식은 소승에게 제공된 것이 아니라 이 '보라색 법의'에 바쳐진 것이라서……."

그리고는 며칠 전에 탁발 나왔던 일을 이야기했다.

그러자 온 가족이 잇큐선사에게 사죄했다고 한다. 이 일화에서 사람을 겉모습으로 판단하지 말라는 교훈을 얻을 수 있다.

훌륭한 의견, 올바른 의견, 객관적이고 균형이 맞는 의견, 장래성이 엿보이는 의견, 과학적 뒷받침이 있는 의견, 수치로 증명된 의견 등 좋은 의견이나 사고방식을 들을 때는 말하는 사람의 직함이나 간판은 잊어야 한다.

직함이나 겉모습에 현혹되어 진실이나 실상을 파악하지 못하면 남이 가지 않는 길에 반짝이는 보석이 떨어져 있어도 알아볼 수 없기 때문이다.

07 조직이나 상사에게 지나치게 복종하는 사람은 구조조정에서 살아남기 어렵다

지시를 기다리는 사람이 되지 마라

'완고하고 의지가 약한 사람' 은 조직에서 성공하기 힘들다.

조직에서 원하는 '발전성 있는 인재' 는 순수하고 의지가 강해야 한다.

조직이나 상사에게 지나치게 순종하는 사람은 명령에 무조건 "네"라고 대답한다. 이런 사람은 절대로 윗사람의 말을 거역하는 법이 없다.

지금은 사라졌지만 한때 의사를 상대로 귀금속류를 방문판매해서 높은 실적을 올린 T신판이라는 회사가 있었다.

그 회사는 이즈반도(伊豆半島)에 의사들을 고객으로 하는 '닥터 빌리지'라는 별장을 개발, 분양하는 사업에 손을 댔다가 파산했다.

T신판의 사장은 말했다.

"저는 직원에게 일일이 지시를 내렸습니다. 임원도 제 지시대로 행동하게 했습니다.

그런데 경영위기가 닥쳐 제가 외부의 일을 수습하느라 자리를 비우면 임원이나 관리직 사원은 알아서 처리할 만한 일도 그냥 내버려둡니다.

일이 이렇게 된 데는 제 책임이 큽니다. 항상 지시를 내렸기 때문에 지시만 기다리는 임원, 간부, 사원을 만들었습니다.

마치 적이 총칼을 들고 눈앞에 다가오는데 상관한테 어떻게 할지 물으러 가는 군인 같았습니다……."

당신은 지나치게 순종하는 사람이 아니기를 바란다.

미사와 지요지 씨의 말에 담긴 교훈

주택공급업체인 미사와 홈(Misawa Home)의 미사와 지요지(三澤千

治) 사장은 이런 말을 자주 했다.

"우리 회사는 '나는 무엇을 할 수 있다' 는 사람이 아니라 '나는 무엇을 해야 한다' 는 사람에게 기대한다."

굳이 설명하면 "지시를 기다리는 사람이나 순종만 하는 사람은 필요 없다. 이들은 '자신의 머리로 생각하지 않는 사람' 이 되기 때문이다"라는 의미다.

사적인 이야기인데 나는 30세 때 전무에게 반발한 적이 있다.

H라는 택시회사가 있었다. 그런데 우리 회사 트럭이 실수로 사고를 냈고 H택시의 운전자는 1년 동안 병원에 입원하게 되었다.

10개월 정도 지났을 무렵 상무가 내게 이런 지시를 내렸다.

"이제 위자료 등 보상을 해줘야 할 시기가 다가왔으니 얼마나 들지 예상액을 연구해 보게."

나는 ○○출판사에서 발간된 자동차 사고 판례집을 구입해서 관련 법규를 공부했고 이렇게 연구한 결과를 몇 장의 자료로 상무에게 제출했다.

그런데 어느 날 나는 상무가 아니라 전무의 호출을 받았다.

"일개 과장이 경솔하게 거액의 위자료를 결정하는 건 과장의 위치와 권한을 뛰어넘는 행위라고 생각지 않나?"

나는 이 말을 듣고 상무의 지시로 추진한 일로 인해 전무에게 질책을 듣는 것이 이해가 되지 않는다고 반론했다.

상무가 전무의 일에 개입한 사건을 계기로 두 사람이 세력다툼을 벌였고 내가 그 희생양이 되었다는 사실을 나중에 알게 됐다. 지금 생각해도 어이없는 일이다.

자기주장을 할 때는 정확한 논거를 제시하라

내가 그 회사를 그만둘 때 술자리에서 전무가 말했다.

"그때 자네에게 어떤 위협을 느꼈어. 아주 박력이 있었기 때문에……."

그러나 나는 그 일로 어떠한 불이익도 당하지 않았고 얼마 뒤에 승진까지 했다. 회사이익을 생각한 의견은 당당하게 주장하면 된다. 하지만 윗사람이 이해심이 없으면 이야기는 달라질 것이다.

회사를 그만둔 지 3개월 정도 지난 후 찾아갔더니 경리과장이 "후타미 씨의 보상안으로 거의 확정됐습니다"라고 알려 주었다.

"그런데요. 실제로 윗사람에게 후타미 씨처럼 말하기는 참 힘들어요."

당신도 그렇게 생각하는가?

이번에도 개인적인 경험을 소개한다.

나는 요코하마에서 살 때 시내에 미장원을 열었다. 그 무렵 남성 미용사가 있는 미장원과 여성 이발사가 있는 이발소를 경영할 생각을 했다.

미장원을 열게 된 동기는 회사 월급 이외의 수입이 있으면 마음에 여유가 생길 것 같아서였고, 다니던 회사에도 개업 사실을 알렸다.

내가 '보상안' 등 여러 가지 자기주장을 할 수 있었던 배경에는 이런 사고방식과 행동이 있었다.

수익을 확보하기 어려운 시대가 되면 기업은 당연히 수익확보의 지혜를 내놓는 사원을 원한다.

수익확보의 지혜는 개성 있는 지혜다. 그리고 개성 있는 지혜를 내놓는 사람은 개성 있는 사람이다. 지금은 독특한 재능이 있는 사람이 환영받는 시대다.

다수의 의견을 무조건 뒤쫓는 사람 가운데 기업에 도움이 되는 사람은 없으며 현명한 경영자는 이 사실을 알고 있다.

그러므로 앞으로 당신이 귀를 기울여야 할 가치 있는 상대를 선택할 때는 간판만 고려해서는 안 된다는 점을 알았으면 한다.

나는 여성 잡지, 경제 잡지, 신문 등의 독자 투고란, NHK 라디오 심야 프로그램도 주의 깊게 본다. 다시 말해 절대로 커다란 기사나 유명인의 기사에만 신경 쓰지 않는다.

제2장

후유증이 무서운 '습관적으로 일하는 병'을 고쳐라

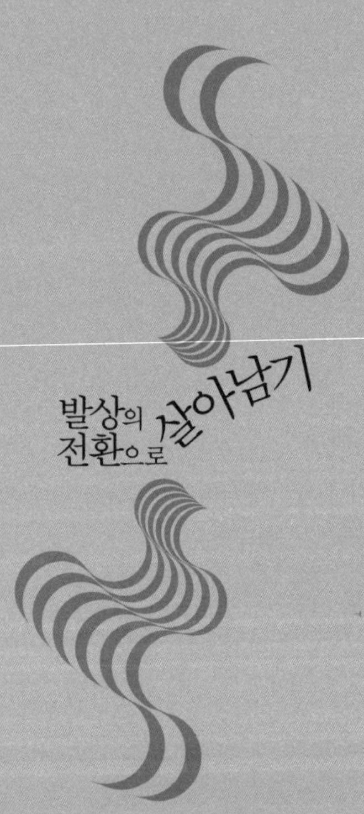

발상의 전환으로 살아남기

08 '습관적으로 일하는 병'의 첫 증상은 '창조성 상실'이다

왜 공무원은 치매에 잘 걸릴까?

요즘은 성인병을 '생활습관병'으로 바꿔 부르고 있다.

그런데 나는 오래 전부터 '습관적으로 일하는 병'을 경계했다. 그 이유를 설명하기 위해 10년 전 경험을 소개할까 한다.

나는 직원 연수를 위해 1년 동안 특별양호노인홈이라는 양로원을 방문했다.

그 가운데는 노인이라고 하기에는 아직 젊어 보이는 사람도 있었지만 그렇지 않은 사람도 있었다. 종종 나를 배웅해 주던 부인은 정상처럼 보였지만 "선생님, 도쿄에서 몇 시에 출발했어요?"라는 질문을 대여섯 번 계속해서 했다. 처음엔 의아했지만, 나중에 이해가 되었다.

특별양호노인홈에 들어온 사람의 젊은 시절 직업 1위는 공무원이었다. 주로 시청이나 도청, 구청 등에서 일했던 사람이었다.

그들은 정해진 순서에 따라 날마다 일정한 일을 정확하게 처리한다. 그런데 그들의 업무는 창의적인 연구로 두뇌를 단련시키는 일이 거의 없다. 요컨대 두뇌가 자극받을 기회가 없다는 의미다.

시청이나 도청, 구청 등에 근무하는 사람의 일이 대개 그렇다. 게다가 구조조정 당할 위험도 없으므로 생활이 안정적이다.

이런 생활에 안주한 결과 나이가 들수록 치매 증상이 나타나는 사람이 많아지는 것이다.

치매에 걸린 사람의 전두엽과 측두엽을 조사하면 정상인보다 두뇌의 혈류(血流 : 피의 흐름)가 적다고 한다.

정해진 대로 일하는 사람은 창의적인 연구를 할 필요가 없으므로 두뇌의 혈류량이 적어진다. 즉, 치매에 걸리는 전제 조건이 갖춰지기 시작하는 것이다.

두뇌에 혈류량이 많이 필요한 취미를 갖고 있지 않거나, 매일 일요일처럼 생활하는 사람은 치매에 걸리기 쉽다. 그리고 그런 사람 중에는 공무원 출신이 많다.

혈류량이 많아지는 일을 하면 치매에 걸리지 않는다

최근에 쇼난장수원병원(湘南長壽園病院)의 마쓰카와(松川) 원장의 저서 《이제까지 알려진 치매에 걸리는 사람과 그렇지 않은 사람》이라는 책을 읽었더니 거기에도 '치매에 걸리기 쉬운 사람 1위는 공무원'이라고 나와 있어서 새삼 놀랐다.

공무원을 깎아 내리려고 하는 말이 아니다. 정해진 대로 일하는 사람은 필요하며, 공무원은 숙명적으로 치매에 걸리기 쉬운 직업이라는 말을 하고 싶은 것이다.

기업에도 공무원처럼 정해진 대로 일하는 사람이 적지 않다.

"저는 오로지 경리 업무만 했습니다. 덕분에 큰 어려움 없이 정년퇴직을 맞이했습니다. 모두 여러분이 도와 주서서……."

이런 인사를 남긴 후 매일을 일요일처럼 지내는 사람은 치매에 걸릴 확률이 매우 높다.

어떤 조직에서 경리 전문 컨설턴트를 했던 사람은 독립해서 성공할 확률이 제로에 가깝다. 그런 사람은 동일한 회계기준에 따라 정형업무(routine work)를 반복했기 때문에 성실하기는 해도 시시각각 변하는 시대 흐름에는 적응하지 못한다.

마쓰카와 원장은 또 이런 이야기를 했는데 나 역시 그렇게 생각한다.

"쇼난장수원에 입원하는 사람들의 직업 중 두 번째로 많은 것은 교사입니다."

혈류량이 많아지는 일을 하라

내가 인재개발부를 담당하던 시절 중학교 교사 출신의 과장이 있었다. 그는 성실했지만 머리가 굳은 탓인지 농담이 잘 통하지 않았다.

"감기? 평소 처신을 잘 했어야지."

이런 농담을 하면 "그게 무슨 말입니까?"라며 화를 낸다. 그는 치매에 걸리기 쉬운 조건을 골고루 갖춘 사람이었다.

당신은 혹시 장기나 바둑 프로기사가 대국하는 모습을 본 적이 있는 가? 옆에서 지켜보는 사람은 두꺼운 옷을 입을 정도로 추위를 느끼는데 프로기사는 얇은 옷을 입고도 태연하다.

나는 예전에 '춥지 않을까?'라며 쓸데없는 걱정을 했는데 지금은 그 상황을 이해할 수 있다.

나도 글 쓰는 작업에 몰두하고 있을 때는 땀이 나서 겉옷 하나를 벗는다. 아내가 "이렇게 추운데……"라며 걱정할 정도다.

일에 지친 사람은 자신이 좋아하는 취미, 예를 들면 골프나 낚시를 할 때 피곤이 싹 달아나는데 이것도 혈류량과 관계가 있다.

당신도 혈류량이 많아지는 일을 하라. 일도 중요하지만 인생의 행복을 생각하는 것도 중요하다.

그래서 이번에는 혈류량이 많아지는 '놀이'에 대해 소개하겠다.

09 잘 노는 사람이 단순히 유식한 사람보다 훨씬 창조적인 이유

고급 요릿집에서 즐겁게 놀았던 '회사 재건의 신'

고인이 된 하야카와 다네조(早川種三) 씨는 '회사 재건의 신'이라 불

린다. 그가 관여해서 재건에 성공한 회사가 열 곳이나 되는데 그 가운데 미쓰비시농기(三菱農機)와 일본특수강, 전후 최대 도산이라고 알려진 고진(興人)의 재건이 특히 유명하다.

하야카와 씨는 아버지가 건강할 때 30만 엔에 달하는 재산상속을 받았다. 1910년대의 30만 엔(약 300만 원)은 지금의 수억 엔(약 수십억 원)에 해당된다. 그런데 그는 학창시절부터 많은 재산이 있었기 때문에 놀러 다니느라 정신이 없었다.

하야카와 씨는 자서전에서 당시의 자신을 이렇게 소개했다.

"나는 매일 학교에서 돌아오면 교복을 평상복으로 갈아입고 놀러나갔다."

"1년에 두 번, 6월과 12월에 고급 요릿집에서 먹은 음식값을 한꺼번에 지불했는데 어떤 때는 3천 엔(약 3만 원)이나 된 적도 있었다. 3천 엔이면 대지 150평, 건평 50평인 건물을 구입할 수 있는 시대였다."

그가 얼마나 놀았는지 가히 짐작이 된다.

한번은 하야카와 씨가 센다이(仙臺)에 사는 아버지에게 자금 문제로 전보를 보낸 적이 있었다.

"돈 좀 주세요. 안 보내 주시면 죽을 거예요."

그러자 그의 아버지는 이런 전보를 보내왔다.

"돈 못 준다. 죽어라."

호쾌한 아들과 그보다 더 호탕한 아버지의 교육이 담긴 답장이었다.

후쿠자와 유키치의 '학문의 권유'

계몽사상가 후쿠자와 유키치(福澤諭吉)의 저서 《학문의 권유》에 이런 구절이 있다.

"학문은 해석하기 어려운 고문을 읽거나 시와 노래, 하이쿠(俳句 : 5, 7, 5, 3구 17음의 단시-역주)의 길을 연구하는 것만이 아니다. (중략) 진정한 학문은 멜대를 지는 방식, 주판을 사용하는 방법, 매매장부에 기록하는 법 등 실제로 배워야 하는 것으로 우리 주변에 산더미처럼 쌓여 있다."

어쩌면 하야카와 다네조 씨는 후쿠자와 유키치의 가르침을 자신의 방식대로 받아들였는지도 모른다. 그는 모교 게이오기주쿠대학(慶應義塾大學)에서 산악회 활동을 했으며 어릴 때는 유도, 야구, 스모, 보트에 열을 올렸다.

하야카와 씨의 회사 재건 특징은 인재를 선택해서 활용하는 데 있다.

먼저 그는 관리 사원에게 보고서를 쓰도록 했는데, 주제는 '우리 회사가 파탄한 원인은 무엇인가?' 였다.

요컨대 관리자가 스스로 깨닫게 한다는 방식이다.

이러한 하야카와의 회사 재건 방식은 공부만 열심히 한 사람에게는 의외일 것이다. 다시 말해 그의 방식은 열심히 놀러 다닌 끝에 얻어진

성과라고 할 수 있다.

그렇다고 해서 당신도 고급 요릿집에서 놀라는 말은 아니다.

나는 1년에 영화를 30편 이상 본다. 또 공연도 자주 보는데 쿠바의 페레스 프라도와 프랑스의 폴 모리아 악단 연주회는 꼭 간다. 그리고 원고를 쓸 때는《사랑은 물빛(戀の水色)》을 듣는다.

또 뮤지컬도 좋아하고 연극도 좋아한다.

게다가 60세부터 후지산에 올라갔는데 지금은 2,000미터 높이의 산으로 수위를 낮췄다. 나도 이제는 나이가 들었기 때문에 사고를 예방하기 위해서다.

틈틈이 두뇌를 단련시켜라

일하는 중간에 놀이를 발견한다. 그리고 놀이 중간에 지혜를 발견한다. 그러면 그 지혜가 일의 힌트가 된다. 나는 이러한 사고방식을 상당히 좋아한다. 절대로 오만상을 찡그리며 일하고 싶지 않다.

나는 보통 후지산의 여덟 번째 산막(山幕 : 산지에 있는 숙박, 휴게시설의 총칭)에서 하룻밤을 보낸다. 그런데 그곳 산막 주인의 이야기를 듣다 보면 아래 세상에서는 알 수 없는 여러 정보를 얻을 수 있다.

"가슴에 헝겊 휘장을 단 사람이 많던데 도대체 뭐 하는 사람들입니까?"

"1년에 15만 명이 후지산에 오르는데 그 반은 관광객이에요. 헝겊 휘장을 달고 있는 사람은 대개 관광객이죠.”

그 말을 들으니 후지산 입구의 다섯 번째 산막에 관광버스가 여러 대 있었던 모습이 이해가 됐다. 오사카에 있는 H교통에서 주최한 모임으로 등산까지 상품화시키는 열정을 지닌 회사였다.

후지산의 경우 여섯 번째 산막을 통과한 사람의 숫자까지 등산인구로 집계한다. 그런데 적어도 매년 15만 명은 됐던 후지산 등산인구가 1993년에 8만 명으로 크게 줄었다. 1993년은 거품경제가 붕괴하고 구조조정과 정리해고가 시작된 해다.

경기와 등산인구는 어느 정도 상관관계가 있는 듯하다. 아무래도 자금조달 문제나 해고의 불안을 안고 등산하기는 어려울 것이다. 어느 정도 그 심정이 이해가 간다.

거품경제가 무너지기 전인 1992년에는 등산객 20만 명이 후지산을 찾았다고 한다.

내 두뇌 정보상자 속에 새로운 주머니가 생겼다. 당장 도움이 되지는 않더라도 다양한 환경이나 조건에서 판단의 기준이 되는 정보 재고가 늘어난 것이다.

두뇌 속에 많은 정보가 들어 있을수록 판단은 정확해진다. 정보가 부족하면 남이 가지 않는 길에서 기회를 발견할 수 없다.

놀이는 자칫 쓸모없어 보이기 쉽다. 하지만 틈틈이 즐기는 놀이는 사고의 밀도를 높이고 여러 상황에서 적응력에 유연성을 부여해 판단의 정확도를 높인다.

당신도 놀이를 다시 생각해 보는 편이 좋지 않을까 생각한다.

단순히 유식하기만 한 사람은 잘 노는 사람보다 창조적인 면에서 떨어진다. 많은 것을 알고 있지만 단지 '알고 있을 뿐'이며 새로운 것을 만들어 내지 못하기 때문이다. 그런 사람을 박식한 바보라고 말하는 사람도 있다.

당신도 유식한 사람보다는 잘 노는 사람이 낫다고 생각하리라 믿는다.

10 잘 노는 사람은 '습관적으로 일하는 병' 에 걸리지 않는다

인생의 길을 몇 개나 갖고 있는가?

'습관적으로 일하는 병' 의 말로는 치매와 발상의 경직에 있다.

'습관적으로 일하는 병' 에 걸린 사람은 지혜를 짜내거나 한계에 도전하지 않으며, 또 깊이 생각하지 않고 그저 회사가 만들어 준 길로만 간다. 그런데 그렇게 한 길로만 가면 머리가 굳어지게 마련이다.

고인이 된 작가 엔도 슈사쿠(遠藤周作) 씨는 이런 글을 썼다.

"나는 프로야구도 안 보고 뮤지컬 〈캐츠(Cats)〉도 감상하지 않고 바둑도 둘 줄 모르고 피아노도 칠 줄 모르는 사람이 되고 싶지 않다. 경마와 경륜, 마작을 하는 지적·정신적 호기심이 결여된 놀기만 잘하는 사람도 되고 싶지 않다.

주제넘지만 내 안에 여러 가지 호기심의 길을 동시에 작동시키고 그 소리를 들으며 살아가고 싶다."(《잘 살고 잘 죽기 위해》 중에서)

얼마 전에 출장지 호텔에서 자전거를 빌려 근처 히코네 성(彦根城)을 찾아갔다. 그런데 나와 비슷한 연배의 사람 열 명 정도가 카메라를 들고 있었다.

어떤 사람은 대형 브로니카(Bronica) 카메라를 갖고 무언가를 기다리고 있었다.

나는 궁금한 마음에 그에게 도대체 무엇을 기다리느냐고 물었다.

"네, 저기 있는 구름이 말을 듣지 않아서요."

그는 히코네 성 한쪽 부분에 구름이 들어간 사진을 찍고 싶어 그 기회를 기다리고 있다고 했다.

마음에 드는 사진을 찍기 위해 열정을 불태우는 사람처럼 보였는데 잠시 이야기를 들어 보니 집에 암실도 만들고 머지않아 개인전도 연다고 했다.

이 사람은 분명히 보람 있는 인생을 보낼 것이다.

한 가지 일만 하면 부작용이 나타날 수 있다

위스키 제조업체 산토리(Suntory)는 주기적으로 직원을 다른 분야로 인사 이동시킨다. 한곳에만 머물면 시야가 좁아지기 때문이라고 한다.

만약에 당신이 20대에서 30대 전반이라면 최대한 여러 위치에서 일을 경험하기 바란다. 자청해서 다양한 경험을 해야 한다.

봉급생활자는 '한 가지 일'만 하면 일이 숙련되기 때문에 당장은 좋아 보인다. 그러나 장기적으로 볼 때 위기에 부딪칠 위험이 있으며 마찬가지로 현역에서 물러나는 순간 정체 모를 불안과 쓸쓸함에 사로잡혀 치매에 걸릴 가능성도 높다. 한 가지 일만 한 대가치고는 참 쓸쓸하다는 생각이 든다.

나는 28세 때 마지막으로 옮긴 직장에서 "무슨 일을 하고 싶은가?"라는 질문을 받고 경리라고 대답했다. 그때까지 경리는 한 번도 해본 적이 없었기 때문이다. 솔직히 대답은 그렇게 했지만 경리 경험이 없었으므로 정말로 그쪽에 배치되지는 않을 것이라고 생각했다. 그런데 나는 정말 경리부에 배치됐다. 그래서 경리업무를 맡게 되면서 1년 동안 요코하마에 있는 경리학원 야간반에 다녔다.

훗날 나는 경영컨설턴트의 길을 걸었는데 결산자료를 보거나 경영분석을 할 때 그 당시의 경험이 큰 도움이 되었다. 만약에 그때 내가 경리를 지원하지 않았다면 내 두뇌에 경리나 재무, 경영분석과 같은 주머니는 없었을 테고 그 후 진로 선택의 폭은 좁았을 것이다.

그래서 나는 회사의 인사배치 명령보다는 사원 스스로 지원하는 제도가 있으면 좋겠다고 생각한다. 꼭 해보고 싶다며 자발적으로 지원하는 것이다. 그렇게 해서 안 되면 어쩔 수 없지만 말이다.

통신기기업체인 NEC의 최고경영자가 이런 말을 했다.

"조직에서는 무조건 인원을 삭감만 해서는 안 된다. 직종을 전환하면 사내의 노동 유동화도 가능하기 때문이다."(《PRESIDENT》 중에서)

요컨대 자발적으로 직종을 전환하는 적극성이 필요하다는 의미다. 그리고 직종을 전환하면 해고대상에서 벗어날 수도 있다.

해고가 코앞에 닥친 뒤에 허둥대며 직종을 바꾸려고 하면 그땐 이미 늦는다. 평소에 적극성을 가져야 한다.

이런 적극성은 남이 가지 않는 길을 돌아보는 유연성이 없으면 불가능하다. 유연성은 첫째도 일, 둘째도 일이라며 한 가지 발상만 하는 사람에게는 생기지 않는다. 그것은 적극적인 자세에 놀이 정신이 가미될 때 비로소 나타난다.

한 가지 일만 하면 부작용이 나타날 가능성이 높다는 점을 기억해야만 한다.

시야가 넓어지는 놀이

놀이에는 시야를 넓힌다는 의미가 숨어 있다.

내가 전부터 이상하게 여기는 점이 있다. 회사에서 기획한 연수에는 참가해도 자비로 세미나에 참석해 능력이나 시야를 넓히려는 사람이 없다는 점이다. 나는 그런 사람을 한 번도 보지 못했다. 그런데 내게는 지금 생각해도 부끄러운 20대의 기억이 있다.

그때 건설업계에서 주최한 강연회에 참석했는데 강사가 열심히 "따라서 실질 GNP 성장률은……"이라며 이야기하고 있었다. 실질 GNP는 명목 GNP라고도 하는데 여기서 GNP는 국민총생산을 가리킨다. 요즘은 국내총생산인 GDP를 따지지만 당시는 GNP로 이야기하는 시대였다.

나는 도무지 강사의 말을 이해할 수 없었다. 하지만 강연회에 참가한 사람들은 모두 알고 있다는 듯 잠자코 있었다.

나는 이해가 안 되면 그 다음으로 넘어가지 못하는 성격이라 질문을 하고 싶었지만 어쩐지 질문하기가 창피했다. 결국 강사의 말을 이해하지 못한 채 강연은 끝났다.

몇 개월 뒤 어느 월간지에서 하코네(箱根)에 있는 고와키엔(小湧園) 호텔에서 '페가수스 클럽'이라는 단체가 유통업계를 대상으로 한 1박 2일 일정의 공개 세미나를 개최한다는 기사를 읽었다.

나는 거기에 참가하면 GNP 이야기를 들을 수 있으리라고 생각했다. 하지만 나는 건설회사에 다니고 있었으므로 다른 업계의 이야기를 들으러 가는 일에 회사에서 비용을 대주지 않을 것이 분명했다. 그래서 자비로 세미나에 참석했다.

가끔 나는 이런 결정을 내리는데 대부분의 직장인들은 자비를 들여 강연회나 세미나에 참석하지는 않는 것 같다.

경영 컨설턴트가 되자마자 오카야마(岡山)에 있는 덴마야(天滿屋) 백화점과 야마가타(山形)에 있는 I야(I屋) 슈퍼마켓의 경영진단과 지원업무 등을 담당했다. 그런데 내가 특별한 어려움 없이 일을 처리할 수 있었던 것은 스스로 세미나에 많이 참석해 봤기 때문이다.

내 사소한 체험이 어떤 도움이 되었기를 바란다. 만약 조금이라도 도움이 되었다면 자신에게 어떻게 적용할지 생각해야 한다. 아무것도 하지 않으면 아무것도 알 수 없기 때문이다.

11 사무직에 있는 사람은 치매에 걸리지 않도록 각별히 조심하라

한 가지 일에서 탈출하라

나는 경리로 있으면서 국세청 조사도 참관하고 확정신고서 작성도 해봤다. 또 몇 백 대나 되는 자동차의 감가상각계산을 고철덩어리 같은 '타이거' 라는 계산기로 직접 하면서 경리 업무를 익혔다.

내게 경리 업무의 기회를 준 당시 임원에게 진심으로 감사한다. 나는 지금도 확정신고서 정도는 직접 작성한다.

하지만 어느 시점이 되자 경리 업무는 내가 계속 할 일이 아니라는 생각이 들었다.

가장 큰 이유는 경리 업무로 시야를 넓히는 데 한계가 있었기 때문이다.

인맥을 보더라도 국세청(자본금 규모가 컸기 때문에 세무서가 아니라 국세청을 상대로 했다), 고문 회계사무소, 관청의 세무과 등으로 매우 제한되어 있었고 업무도 1년 주기로 반복되었다.

결산(決算)이 다가오면 기말작업으로 계정과목을 정리한다. 이 일이 끝나면 시산표(試算表)를 작성하고 이익처분에 관해 경영자의 지시를 기다린다. 그 다음에는 대차대조표와 손익계산서를 작성한다.

그리고 이 시기가 되면 주주총회도 함께 준비해야 한다.

이처럼 경리 업무는 일정 주기로 정확하게 반복된다.

그런데 일정한 틀에서, 일정한 주기로, 일정한 일을, 일정한 규칙에 따라, 진행했기 때문에 그대로 있다가는 내 두뇌가 붕어빵 틀 안에 갇힐 것 같았다.

이런 생각을 보고서에 기입했더니 경영자가 나를 진급시키는 동시에 총무과와 경리과 업무를 모두 맡겼다.

한 가지 일에서 탈출한 것은 분명하다.

사무직에 있는 사람은 '습관적으로 일하는 병'에 걸리기 쉽다

어떤 기업 본사에서 10년 동안 사회보험 관련 업무를 담당한 직원이 있었다. 하지만 한 사람을 10년이나 같은 위치에 두는 인사는 바람직하지 않다. 그는 아직 40세 미만이라 나는 본인을 위해 그를 다른 곳에 배치하라고 사장에게 권유했다. 그리고 그는 다른 지점으로 발령이 나서 그곳의 영업 업무를 담당하게 되었다.

그런데 몇 개월 후 나와 면담을 할 때 그가 이렇게 희망했다.

"본사로 돌아가서 예전에 하던 업무를 계속할 수 없을까요?"

사실 이 이야기는 10년 전 일이다.

현재 그는 휴직 중이다. 나는 사장에게 그가 휴직한 이유를 물었다.

"부인이 회사에 상담을 하러 왔습니다. 남편의 상태가 좀 이상하다면서요.

건망증이 심상치 않다고 했어요. 방금 건네준 돈을 받지 않았다고 하거나 어제 먹었던 음식을 또 해달라고 해서 그건 어제 먹지 않았느냐고 하면 먹은 적이 없다고 한대요.

회사 동료들도 비슷한 이야기를 했습니다. 사원식당에서 10시 쯤 점심식사를 하고……."

그리고 내가 이 책을 집필할 때 그가 신경외과병원에 입원했다는 말을 들었다. 사장이 내게 말했다.

"병원 검사에서 알츠하이머병(Alzheimer' s disease) 치매라는 진단이

나왔다고 해요. 해마다 뇌혈관성 치매보다 알츠하이머병 치매가 더 증가하고 있대요."

50세에 치매에 걸리는 사람은 거의 없다. 하지만 일상에서 치매 증상을 경미하게 보이는 사람은 꽤 있는 듯하다. 내가 1년 동안 왔다 갔다 했던 특별양호노인홈에서도 '저렇게 젊은 나이에?'라며 놀랄 만한 사람이 여러 명 있었다.

일정한 형식이 있는 일은 편하지만 그 사람의 두뇌는 창조적이지 못하며 뇌의 혈류량도 적어진다. 이미 여러 번 지적했듯이 격변하는 환경에서 고집스럽게 자신의 껍질 안에만 틀어박혀 있으면 두뇌가 화석처럼 굳어 버릴 것이다.

당신의 두뇌 혈류량은 평균보다 많은가?

마케팅 기획도 사무직이지만 책상에 앉아서만 일하지 않는다. 마케팅 기획을 하려면 직접 현장을 둘러보거나 아이디어를 짜내고 경쟁사와 차별화시킬 전략을 연구해야 한다.

이렇듯 변화가 동반되는 일은 일정한 형식의 일과는 다르다. 창의적인 연구가 생명이거나 새로운 정보 수집이 필요하거나 경쟁 상대가 있는 등 어떤 조건이 붙는 일은 두뇌의 혈류량이 많아져서 치매를 예방할 수 있다.

최근 심야 라디오 프로그램에서 미토 고몬(水戶黃門)역을 연기한 사노 아사오(佐野淺夫) 씨가 하는 이야기를 들었다. 사노 씨는 77세인데 예전 이야기보다는 미래에 대해 많이 이야기했다. 그는 이런 일도 하고 싶고 저런 일도 하고 싶다며 꿈에 부풀어 있었다.

얼마 전에 나는 젊은 여성을 대상으로 한 강연회에서 이런 말을 했다.

"과거를 이야기하는 남성보다 미래의 꿈을 이야기하는 남성에게 관심을 가지십시오. 물론 뜬구름 잡는 이야기는 곤란합니다. 미래를 이야기하는 남성의 두뇌에는 신선한 피가 용솟음치듯 흡니다."

당신의 두뇌 혈류량은 평균보다 많은가? 당신의 일은 평균 이상의 혈류량이 필요한가? 곰곰이 생각해보기 바란다.

거짓말을 못하는 사람일수록 잘 놀아야 한다

나는 두뇌 혈류량이 평균 정도인 일을 하는 사람에게 많이 놀라고 권한다. 특히 '아주 성실한 사람'은 잘 놀아야 한다.

아버지는 딸아이의 남자친구에게서 걸려오는 전화를 가끔 받는다. 그런데 딸아이는 지금 목욕 중이다. 이때 어떻게 대응하는지에 따라 아버지의 두뇌 유형을 알 수 있다.

"지금 ○○이는 목욕 중인데……."

이렇게 말하는 아버지는 굉장히 성실한 사람이지만 다소 문제가 있는 두뇌 유형에 속한다. 남자친구에게 굳이 목욕하는 딸의 모습을 연상시키는 말을 하지 않아도 된다. 또한 화장실에 있다고 대답하는 사람도

착실한 유형에 속한다.

그리고 이런 사람일수록 실컷 놀아야 하는 유형에 속한다.

나는 55세까지 20년 동안 클레이 사격(clay-pigeon shooting : 클레이 피전을 공중에 던져 산탄총으로 쏘아 맞히는 경기-역주)을 즐겼다. 처음에 클레이 사격을 시작할 때는 골프와 클레이 사격 가운데 어느 쪽을 선택할지 고민했다. 하지만 고민은 금세 해결됐다. 나는 일의 특성상 출장을 많이 다니기 때문에 언제든지 혼자 할 수 있는 클레이 사격을 선택했다.

놀이는 일하는 리듬과 달라서 아무리 피곤하더라도 사격을 하는 날에는 일찍 일어난다. 또 쉽게 피곤해지지도 않고 공부도 된다.

나는 사격을 하면서 '의사결정의 속도'를 배웠다. 클레이 사격의 방식은 이렇다. 나팔과 같은 경보기에서 삑 하고 발사 신호를 보내면 클레이 피전(clay-pigeon : 표적이 되는 점토로 만든 원반)의 발사기로 연결되어 클레이 피전이 튀어 오른다.

그것은 상·중·하, 오른쪽·중앙·왼쪽 등 모두 아홉 개 방향에서 나오므로 영점 몇 초 안에 방아쇠를 당겨야 표적을 맞출 수 있다. 1초 후에 방아쇠를 당기면 이미 때는 늦는다. 신속하게 의사결정을 내리고 그 의사를 재빨리 집게손가락의 움직임으로 연결시켜야 하는 것이다. 여기서 망설임은 가장 큰 적이다.

휴일에 늦잠을 즐기는 것도 괜찮지만 놀이를 하는 편이 더 낫지 않을

까 생각한다. 빨리 일어나더라도 좋아하는 놀이를 하면 별로 피곤하지
않기 때문이다.

놀이는 일보다 혈류량이 많아지게 한다. 클레이 사격에서 표적을 조
준하는 집중력은 내 집필 활동에 크게 도움이 된다. 사격 전날, 술을 마
시지 않고 심신을 가다듬으면 자기관리도 된다. 클레이 사격을 취미로
하는 사람은 직장인보다 자유업이거나 소규모 사업을 경영하는 사람
이 많다. 따라서 화제가 풍부해지고 다양한 계층의 사람과 만날 수 있
는 효과도 있다.

클레이 사격 이야기는 열 시간을 해도 다 할 수 없을 정도다.

당신도 "나한테 노는 이야기를 시키면 열 시간은 계속 할 수 있다!"
라고 말할 수 있기 바란다.

단, 술 마시고 도박하고 물건을 구입하는 이야기는 제외한다.

12 회사 인맥과 사업 인맥보다 중요한 인맥이 있다

표면적인 인맥에 현혹되지 마라

'인맥'이 중요하다고 생각하는 사람은 아주 많다.

정부에서 사람들이 인맥을 넓히고 싶어한다는 사실을 알았는지, 한

때 경제산업성(經濟産業省 : 한국의 재정경제부에 해당-역주)에서 적극적으로 '다른 업종과 교류하는 모임'을 개최했다. 나도 이와 관련된 경험이 있다.

오카야마(岡山)에 있는 회사에서 고문을 맡고 있을 때 사장이 내게 말했다.

"'다른 업종과 교류하는 모임'이 있는데 함께 갈래요?"

나는 그 모임에 대해 이런 생각을 하고 있었다.

"뭔가 자신에게 이익이 되는 이야기를 남에게 들을 수 있을지도 모른다며 참석하는 사람이 많을 겁니다. 하지만 남에게 이익이 될 만한 체험담을 이야기해 주는 참석자는 거의 없을 거예요."

나는 사장에게 모임에 참석하지 않겠다고 말했다.

그리고 6개월 정도 흘렀다

어느 날 그 사장이 6개월 전의 모임을 이야기했다.

"후타미 미치오 씨가 6개월 전에 '다른 업종과 교류하는 모임'은 쇠퇴할 거라고 했죠. 저는 솔직히 그 말을 믿지 않았습니다. 하지만 이 모임은 지금 개점휴업 상태예요. 정말 예언대로 됐어요."

나는 예언가도 현명한 분석가도 아니다. 단지 '다른 업종과 교류하는 모임'에 참석하는 사람의 심리를 생각해 본 것뿐이다. 누가 돈 잘 버는 방법을 남에게 공개하겠는가? 결국 어중간하고 추상적인 이야기만 오고가는 것이다.

여기 소개한 '다른 업종과 교류하는 모임' 은 지금은 완전히 사라졌으리라고 생각한다.

인맥을 정말로 중요하게 여기는가?

인맥을 정말로 중요하게 생각하는 사람은 정형화된 모임에 의존하지 않는다.

인맥의 중요성을 진지하게 생각하는 사람은 다음의 열 가지 항목을 실천한다.

① 사람은 육면체나 팔면체보다 훨씬 더 복잡한 다면체다. 따라서 상대의 일부분만 보고 그 사람을 평가하면 안 된다. 관찰력이 부족한 사람에게 해당되는 이야기다.

② 남에게 뭔가를 받았을 때는 영업용 판촉물이 아닌 한, 고마움을 표시해야 한다. 바로 반응하지 않는 사람은 인맥이라는 재산을 만들 수 없다. 큰 조직에는 선물을 받고 아무 말도 않는 사람이 많다.

③ 상대를 선입관으로 판단하고 색안경을 끼고 바라보지 않는다.

④ 상대를 직함 등 간판으로 평가하지 않는다.

⑤ 신세를 지면 3일 이내에 감사 편지나 엽서, 전화를 한다.

⑥ 겸허한 마음으로 지내며 거만하게 행동하지 않는다. 부하는 인간

⑦ 겸손한 태도로 있되 의견은 확실히 주장한다.

⑧ 상대의 이야기를 경청한다.

⑨ 자신의 장점과 단점을 구체적으로 파악하고 있다.

⑩ 가족의 전화 대응이 좋은지 나쁜지 신경 쓴다.

나도 예전에 영업 업무를 해봤기에 사람이 어떻게 행동해야 하는지를 배웠다.

그때 경험으로 '감사 편지나 엽서는 3일 이내에 써야 가치가 있다', '최고의 일은 작은 일에 나타난다'라는 점을 영업 관련 서적에 소개했다.

나는 직장인 시절 만났던 고등학교 교사와 아직도 연락을 주고받고 있다. 컨설턴트가 된 뒤에는 20년 이상 내게 일을 맡긴 회사도 여러 곳 있다.

아무리 일 때문이라고 해도 마음의 교류가 없으면 오랫동안 관계가 지속될 수 없다.

좋은 인맥은 날줄과 씨줄처럼 얽혀 있다

인맥을 입에 올리는 사람이 많은데 알고 보면 대부분 회사 인맥이나 사업 인맥이다. 하지만 이런 인맥은 적극적인 인맥이 아니라 자연히 생기는 것이다. 회사 인맥이나 사업 인맥은 이른바 동류항(同類項) 인맥으로 사교적인 관계가 많고 서로 마음을 터놓는 사이가 아닌 경우가 많다.

반면 마음을 터놓는 인맥은 다른 재능을 지닌 사람, 다른 직업을 가진 사람이 많다.

나는 20년 동안 정년퇴직이 가까운 자위대(自衛隊)장교를 대상으로 그들을 사회에 진출시키기 위한 교육을 담당했다. 그들의 인맥은 거의 다 '한솥밥을 먹는 사이'로 사회의 거센 풍랑이 미치지 않는 '같은 방파제 안에 있는 동료'다.

그리고 이런 동료가 유일한 인맥인 채로 정년퇴직을 맞이하여 이렇다 할 취미가 없는 사람은 정년퇴직 후 급속도로 노화되어 치매에 걸리는 경우가 많다.

이런 현상의 가장 큰 원인은 수직적 인맥에 있다.

나는 전부터 인맥을 직물에 비유했다. 인맥도 직물처럼 날줄(수직)과 씨줄(수평)로 얽혀 있어야 한다. 자위대 같은 계급 사회는 날줄만 강한 조직이다. 이런 사회에 만족해서 살다가 정년퇴직을 하면 그와 동시에 순식간에 노화 현상이 나타난다.

이들은 50세가 되어도 세상 물정을 모르고 또한 인맥이 편중되어 있어서 정보가 부족하다. 정말 비극적인 인생이라 하지 않을 수 없다.

나는 50세 전후의 자위대 장교에게 여러 번 비슷한 질문을 받았다.

"상관에게 물어봤는데요. 사회에 나가면 쓸데없이 열심히 일해서 실수하는 것보다 시키는 대로만 하는 편이 낫다고 하는데 사실인가요?"

처음에는 그 말이 농담이라고 생각했다. 그러나 정말로 궁금해 한다는 사실을 알고 상당히 놀랐다.

인맥이 편향된 사람, 즉 정보가 편향된 사람은 자위대 같은 조직에만 있는 것이 아니다. 조직이 비대해지면 인맥 편향, 정보 편향의 사람이 많아진다. 다시 말해, 요트를 타는 사람보다 전함을 타는 사람이 위험에 대처하는 능력이 떨어진다고 할 수 있다.

'발전할 수 있는 인맥'을 만들어라

자신과 다른 직업이나 재능을 지닌 사람을 인맥으로 만들면 자신이 모르는 일을 알려주는 정보통이 된다.

나와 함께 클레이 사격을 하는 S 씨는 어떤 도시에서 내과의원을 개업한 의사다.

어느 날 S 씨가 "저는 후타미 씨가 부럽습니다"라고 말했다.

나는 "무슨 말씀이세요. 오히려 저는 당신이 부럽습니다"라고 대답했다. 그런데 그의 이야기를 들어보니 의사의 고충을 조금은 이해할 수 있었다.

"후타미 씨가 만나는 사람은 대부분 건강하죠? 제가 만나는 사람은 대부분 아픈 환자입니다. 정신을 똑바로 차리지 않으면 저까지 아플 거 같아요.

저는 골프를 별로 좋아하지 않지만 휴일이 되면 꼭 골프를 치러 갑니다. 그냥 집에 있다가는 급한 환자가 있으면 좋든 싫든 나가야 하니까요.

어떻게 의사가 그럴 수 있냐고 비난할지도 모릅니다. 그러나 의사도 사람이거든요. 의사도 재충전 시간이 필요합니다. 제가 쓰러지면 모든 게 끝이잖아요."

나는 산을 찍는 사진가 T 씨로부터도 가르침을 얻었다.

"등산가처럼 완전무장을 하고 산에 오르는 이유는 3, 4일 동안 사진을 1장밖에 찍지 못할 때도 있기 때문이에요. 산에서는 날씨 변화가 극심합니다. 후타미 씨가 자주 오르는 후지산도 마찬가지겠죠. 텐트를 치고 몇 시간 아니 수십 시간 동안 셔터를 누르는 순간만을 기다리기 때문에 완전무장을 해야 합니다."

이질적인 인맥에서 얻은 정보는 내 두뇌 정보상자에 '취미'라는 항목으로 저장되어 있다. 나는 이런 정보상자에 고마움을 느낀다.

나는 이 책을 쓰기 위해 새삼스럽게 정보를 수집할 필요가 없었다. 이미 저장된 두뇌의 정보상자에서 꺼내면 되기 때문이다.

이런 인맥을 만드는 첫걸음은 커피 한 잔을 대접받더라도 다음날 감사의 표시를 하는 자세에 있다. 이 정도도 할 수 없다면 남이 가지 않는 길, 감춰진 정보를 알려주는 인맥구축은 불가능하다.

나는 이런 인맥을 '발전할 수 있는 인맥'이라고 부른다.

13 지시만 기다리는 사원보다는 적극적인 사원이 인생에서 승리한다

이상한 점은 이상하다고 말할 수 있는가?

적극적인 사원은 자신의 의견을 말할 수 있는 사람이다. 의견은 그 사람의 의사, 사고방식, 사물에 대한 견해가 반영된 결과물이다. 따라서 단순히 말만 잘하는 사람을 적극적인 사원이라고 할 수 없다.

나는 직업상 지금까지 1,000여 곳의 회사와 교류를 나눴다. 그곳에서 눈으로 보고 귀로 들은 정보를 집약해 볼 때 자기 의견 없이 지시만 기다리는 사원은 공부가 부족한 탓에 문제의식이 없다는 공통점이 있었다.

문제의식은 '정상(正常)과 이상(異常)의 격차를 깨닫는 감각'이다. 문제의식이 없거나 부족한 사람은 무엇이 옳고 무엇이 이상한지 판단하지 못하므로 시키는 일이나 단순작업만 한다.

나는 어느 건설회사의 주택 평면도를 보면서 "이 위치에 있는 목욕탕 벽 조명은 바꿔 달아야 합니다"라고 위치 변경을 권유했다. 그런데 내가 간 다음 인테리어 전문 여성 코디네이터들이 "후타미 씨는 전문 지식도 없으면서……"라고 이야기했다고 한다.

다음 달에 그 여성 코디네이터들도 참석한 회의에서 나는 말했다.

"이 조명기구를 단 목욕탕에서 목욕을 한다고 합시다. 그 위치에 벽 조명을 달면 조명과 반대쪽에 있는 창문에 무엇이 비칠까요?"

그제야 그 코디네이터들은 조명의 위치가 잘못되었다는 사실을 깨달은 듯했다. 벽 조명이 그 위치에 있으면 벗은 실루엣이 창문에 비친다. 그 때문에 어쩌면 목욕탕을 엿보려는 사람이 생길지도 모른다.

이 사례에서 가장 큰 문제점은 무엇인가? 그 회의에는 부장이나 과장이 있었지만 아무도 문제점을 지적하지 않았다는 사실이다.

그 회사 간부회의에 참석한 사람들 중에는 적극적인 사원이 한 사람도 없었던 것 같다.

공부하고 연구하며 노력해야 당당하게 의견을 말할 수 있다

내가 지적한 목욕탕 조명 위치는 아주 초보적인 문제다. 그렇다면 왜 건설회사 부장과 과장이 이렇게 초보적이며 기본적인 문제를 깨닫지 못했을까? 이는 고객의 상황을 진지하게 생각하거나 현장을 제대로 상상하지 않았기 때문이다.

자신은 진지하게 일한다고 생각하지만 사실은 건성으로 일했던 것이다. 또 평소에 공부하지 않고 사물을 관찰하는 능력을 익히지 않은 탓도 있다. 그래서 건설회사 부장과 과장이 간부회의에서 적극적으로 의견을 말하지 못하는 것이다. 그 회사는 사장 혼자서 회의하는 듯했다.

나는 직장인 시절 사내연수 기획을 추진한 적이 있다. 사원교육에 관한 단행본을 열 권 정도 구입해서 속독한 후 이런 생각을 했다.

'이 저자의 책은 아주 재밌어. 상당히 풍부한 경험을 한 것 같아. 아무래도 이 사람을 강사로 초빙해야겠다. 하지만 최종 결정은 아무래도 직접 만나 본 다음에 하는 게 좋겠지.'

어느 날 나는 그 저자를 찾아갔고 그 기억은 좋은 추억으로 남아 있다.

그런데 요즘 연수 담당자는 광고대리점이나 컨설턴트 회사의 영업사원 등에게 "어디 좋은 강사 없나요?"라고 물어 본 뒤 바로 결정하는 경향이 있다. 이는 자기 일을 남에게 맡기는 셈이며 이런 사람은 당당하게 자신의 의견을 내세우지 못한다.

열심히 공부하고 연구하며 노력해야 당당하게 의견을 말할 수 있다. 그렇지 않으면 잠자코 의견을 들을 수밖에 없다.

의견 발표의 세 가지 원칙

많은 사람 앞에서 발언할 때는 적당한 속도, 명확한 취지, 이해하기 쉬운 내용으로 이야기해야 한다. 이 조건이 충족되면 듣는 사람이 지겨움을 느끼지 않는다.

아무리 좋은 의견이라도 상대가 귀를 기울이지 않으면 아무 소용이 없다.

최근 10년 동안 중소기업과 대학교의 그룹 작업을 참관한 결과, 내가 80점 이상을 주고 싶은 곳은 한 군데도 없었다.

이렇게 말하면 '당신은 전문가니까' 라고 생각하는 사람이 있을지도 모른다. 하지만 사실은 그렇지 않다. 나는 예전에 사람들 앞에서 말을 더듬는 버릇이 있었다. 그 때문에 17세 때 자살을 결심했지만 미수에 그쳤고 아직도 내 손목에는 그때의 흔적이 남아 있다.

그 사건 뒤에 나는 다른 사람의 이야기를 잘 들어주었고 어떤 식으로 이야기해야 쉽게 이해할 수 있을지를 연구했다. 이처럼 모든 경험은 다 쓸모가 있기 마련이다. 한때 말더듬이였던 나는 이제 당당하게 의견을 말할 수 있다.

의견 발표를 하려면 세 가지 원칙을 지켜야 한다.

첫째, 많은 사람 앞에서 의견을 말하기 위해 평소 열심히 공부하고 연구해야 한다. 그래야 당당하게 의견을 말할 수 있다.

둘째, 창의적인 연구를 해서 자랑할 만한 실적을 올리면 두려움 없이 과감하게 의견을 말할 수 있다.

셋째, 상대가 이야기를 듣고 싶은 마음이 들도록 화법을 공부해야 한다.

14

스스로 반성할 줄 아는 사람과 그렇지 못한 사람의 차이점

반성이 없는 곳에는 성공도 없다

남에게 불만을 품으면서 정작 자신의 미숙함과 능력 부족은 깨닫지 못하는 사람이 있다. 하지만 한 사람의 몫을 해내거나 그 이상의 일을 해서 높은 평가를 받는 사람은 그렇지 않다.

마쓰시타 전기산업에 9년 동안 사장으로 있었던 야마시타 도시히코(山下俊彦) 씨는 이런 말을 했다.

"잘못한 일을 지적하면 변명을 매우 잘하는 사람이 있습니다. 그런데 변명을 잘하는 사람일수록 능력과 인품이 크게 떨어집니다."

나는 그의 말이 이해됐다. 변명은 '저에게 책임이 없습니다' 라는 표현으로 여기에는 당연히 반성이 들어 있지 않다. 그리고 반성이 없는 곳에 능력과 인격 향상은 있을 수 없다.

내 사무실에도 이런 유형의 여직원이 잠시 근무했던 적이 있다. 내가 주의를 주면 "저는 최선을 다했습니다"라고 대답했다.

그런데 이 말에는 '더 어떻게 하라는 겁니까?' 라는 도전적인 자세가 담겨 있다.

　자신의 미숙함과 능력 부족을 깨닫지 못하는 사람은 사물에 대한 사고방식도 비뚤어져 있다. 내가 일을 지시하고 "며칠 정도 걸리겠나?"라고 물으면 "아직 해보지 않아 모르겠습니다"라고 뻔뻔스럽게 대답하는데 그저 놀라울 따름이다.

　아무리 바보라도 해보면 안다는 말은 할 수 있을 것이다.

실수 그 자체는 큰 문제가 아니다

　《논어(論語)》는 공자의 훌륭한 가르침과 행동이 기록된 책으로 유명하다. 학이편(學而篇)에 실수에 관한 말이 있다.

　"잘못했을 때는 바로 고쳐야 한다.-과즉물탄개(過則勿憚改)"

　천려일실(千慮一失)이라는 고사성어가 있다. 이 말은 아무리 슬기로운 사람일지라도 많은 생각 가운데 한 가지 실수는 있다는 뜻이다. 요컨대 사람은 누구나 다 실수를 저지른다. 실수 그 자체를 좋다 나쁘다 말하기는 곤란하지만 실수했을 때 원인을 자각하고 반성하는 일은 중요하다. 반성하지 않는 사람은 나중에 크게 어려움을 겪을 수 있기 때문이다.

　무라사와 시게루(村澤滋) 씨는 미쓰비시 상사의 임원이었는데 자신의 체험을 정리한 《직장인의 13가지 큰 죄》라는 책을 썼다. 그런데 이 책을 보면 자신의 실수와 약점을 인정하지 않는 사람이 상당히 많다는 사실을 알 수 있다.

특히 일류대학에 합격하고 아무런 어려움 없이 좋은 회사에 들어간 사원 중에 이런 사람이 많다고 한다. 자칭 엘리트라고 하는 사람 말이다.

내가 조직 컨설턴트를 할 때 자신감 넘치던 한 후배는 선배나 상사에게 주의를 들어도 반성하는 빛을 보이지 않았다. 그는 종종 술자리에서 말했다.

"후타미 선배, ○○씨가 하는 말 들었죠? 어떻게 생각해요? 컨설팅은 결국 컨설턴트의 개성을 판매하는 거 아닌가요? 제게는 제 개성이 있으니까⋯⋯."

하지만 그는 고객 사이에서 평판이 나빠 더는 일이 들어오지 않았고 끝내는 컨설턴트를 그만두었다. 자신이 남에게 주는 인상이 '어둡고 차갑다'라는 사실은 전혀 알지 못했던 것이다.

내게 설교한 사람에게 감사한다

나는 한때 자위대 대원이었는데 그 일을 그만두고 잠시 재봉틀을 판매한 적이 있다. 그런데 계약실적이 제로였던 내가 어떤 계기로 말미암아 영업소에서 최고의 실적을 올리는 성과를 거뒀다.

어느 날 외근을 나갔다 돌아오니 영업소장이 나를 보자마자 기다렸다는 듯이 말했다.

"후타미 씨, 드레스 제조 학원의 사무국장이 빨리 와 달라는 전화를 했습니다."

나는 부리나케 달려갔다. 태양은 서편으로 넘어가고 주위는 캄캄했다. 그때 기억이 아직도 생생하다.

당시 전국적으로 유행했던 '드레스 제조'라는 이름의 양재학원에 재봉틀 열 대를 판매했는데 그때 사무국장이 "재봉틀이 마음에 들면 추가로 주문하겠습니다"라고 말했기에 '이건 분명히 추가 주문이다!'라며 의기양양하게 방문했다.

그런데 나는 추가 주문 대신 사무국장에게 설교를 들었다.

"후타미 씨는 재봉틀 열 대를 판매하고 얼마나 기뻤죠?"

"하늘을 날 만큼 기뻤습니다."

"그렇게 기뻤다면 판매한 지 한 달이 지났는데 왜 한 번도 고맙다는 전화를 안 하죠? 왜 답례 엽서 한 장 안 보냅니까? 후타미 씨는 젊으니까 계속 재봉틀만 판매하지는 않을 겁니다. 앞으로 무슨 일을 하든지 자신에게 기쁨을 준 사람에게는 꼭 답례하기 바랍니다."

이런 설교였는데 그 효과는 실로 대단했다.

나는 그때 경험을 바탕으로 영업사원들에게 종종 말한다.

"감사 엽서나 편지는 다음날 바로 써라. 3일이 지나면 오래된 신문처럼 가치가 떨어진다. 거품 빠진 맥주와 같은 답례는 진정한 의미의 답례가 아니다."

이미 타계한 사무국장의 멋진 설교에 나는 진심으로 감사한다. 정말 감사합니다!

숨겨진 정보로 기회를 포착하는 방법

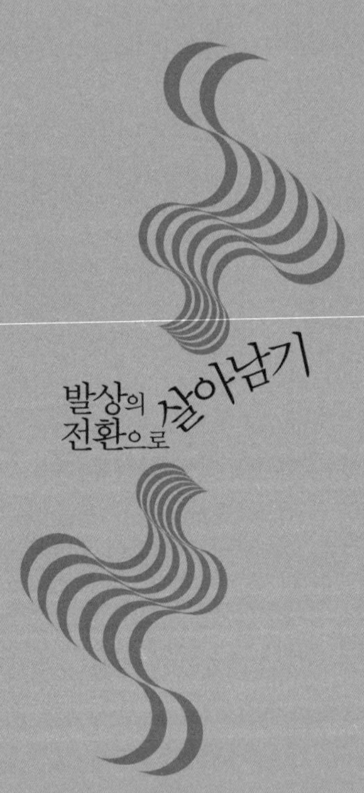

발상의
전환으로 살아남기

15

'베스트셀러 사냥꾼'으로 전락하지 마라

'베스트셀러 사냥꾼'에게 두뇌 혁명은 무리다

여기서 '베스트셀러 사냥꾼'이란 베스트셀러라고 불리는 책만 읽는 사람을 말한다.

몇 년 전에 두뇌를 똑똑하게 만든다고 광고한 《○○혁명》이라는 책이 굉장히 많이 팔렸다.

어느 날 신주쿠에 있는 K서점에서 책을 둘러보고 있는데 50세 가량의 주부 두 사람이 눈에 띄었다. 두 사람은 어떤 책을 찾는 듯 먹이를 노리는 눈빛으로 선반을 뒤졌다. 잠시 후 한 주부가 "여기 있다!"라고 외치며 계산대로 향했고 계산대에서 만난 두 사람의 손에는 《○○혁명》이 들려져 있었다.

그런데 아무리 책을 많이 읽어도 전혀 변하지 않는 사람이 있다. 똑같은 책이라도 오락성 짙은 소설이나 학술적인 책은 성격이 조금 다르다. 여기서 말하는 책은 교훈을 모아 도움이 되도록 만든 실용서로 이런 책만을 골라 읽는 사람이 많다.

나는 서점에서 만난 주부들이 책을 단순히 '읽기만 하는 사람'일지도 모른다고 생각했다. 아마도 이런 독자가 '베스트셀러 사냥꾼' 일 것이다. '베스트셀러 사냥꾼' 은 "○○○라는 책이 아주 잘 팔린대!"라는 소문을 근거로 책을 구입한다. 이런 사람에게 "무슨 목적으로 독서를 합니까?"라고 물으면 선뜻 대답하지 못할 것이다.

예전에 한 출판사에서 《이렇게 살이 빠져도 괜찮은가》라는 책을 내놓았는데 날개 돋친 듯 잘 팔렸다. 이른바 베스트셀러였다. 그런데 책의 판매량이 서서히 줄어들 무렵 그 출판사 직원이 내 사무실을 찾았다. 내가 물었다.

"그 책을 읽으면 정말 그렇게 살이 빠집니까?"

그러자 "한 사람은 확실히 살이 빠졌어요"라고 대답했다. 그 사람이 누구냐고 물었더니 "출하 담당 과장입니다"라고 말했다. 그 과장이 매일 밤 초과근무로 살이 빠졌다는 농담을 듣고 실컷 웃었던 기억이 있다.

'베스트셀러 사냥꾼' 은 마치 거짓말 같은 출판시장을 지탱해 주는 고객으로 경제의 한 부분을 담당하고 있다. 이들의 눈에는 남이 가지 않는 길이 보일 리 없다. 베스트셀러만 읽기 때문에 '남이 가지 않는 길' 을 발견하는 힘을 기르지 못한 것이다.

책에서 교훈을 찾아내지 못하는 사람은 독서로 두뇌를 개발할 수 없다

내가 조직 컨설턴트를 하던 시절 책을 많이 읽는 동료가 있었다.

"후타미 씨, 후지와라 히로타쓰(藤原弘達)의《창가학회 이케다 다이사쿠(池田大作)를 이기다》읽어봤어요? 아직 안 읽었어요? 그럼 이시하라 신타로(石原愼太郎)의《스파르타 교육》은요?"

그는 당시 화제가 되는 책만 읽었다.

나는 그에게 이사야 벤다산의《일본인과 유태인》, 피터 F. 드러커의《단절의 시대》, 다나카 가쿠에(田中角英)의《일본열도 개조론》등도 추천받았다.

하지만 나는 이 책들 가운데 한 권도 읽지 않았다. 그래도 대강의 내용과 주제는 알고 있다. 주위 사람에게 물어 보자 친절하게 알려 줬기 때문이다.

나는 그보다 독서량이 훨씬 적다. 하지만 나는 천성이 인색해서 그런지 그저 책을 읽기만 하는 것은 아까운 마음이 들어 뭔가 한두 가지 도움 되는 점이 없을까 따져가며 읽는다.

나는 무언가를 얻기 위해 책을 읽는다. 요컨대 내게 독서는 수단이지 목적이 아니다.

예를 들어 미국의 소아과 의사 젠킨스 박사의 책을 읽는다고 하자. 여기서 나는 '수면 직전 두뇌에 입력된 정보는 오랫동안 머물러 있을 확률이 높다'는 점을 배웠다.

이 사실은 대뇌생리학(cerebral physiology) 관련 서적에 증명되어 있다. 나는 '젠킨스 법칙'을 10년 전에 쓴 책에도 소개했는데 나 역시 젠킨스 법칙을 잘 실행하고 있다.

반면 '베스트셀러 사냥꾼' 은 독서 자체가 목적이므로 그 안에서 교훈을 발견해 내지 못한다.

비판적인 시각으로 책을 읽어라

맹자의 말 가운데 독서에 대해 생각하게 만드는 다음과 같은 부분이 있다.

"모든 책을 믿으면 책이 없는 것과 같다."

요컨대 '무비판적인 독서는 안 된다' 는 말이다. 공자의 사상을 이어받은 유교정신의 지도자 맹자가 지적하는 독서는 지금의 '베스트셀러 사냥꾼' 과 같은 방식의 독서였다.

하지만 현명하게 책을 읽으려면 '비판적인 시각' 으로 접근해야 한다.

나는 모 연구소에 비치된 《××는 지금 상황을 어떻게 극복할까?》라는 단행본을 몇 장 넘겨 본 적이 있다. 그 책의 일부만 읽었는데도 '세상에, 이런 책을 만드는 것은 죄악이다' 라는 생각이 들었다.

그 책에 건강지도자 S 씨가 쓴 글이 있다.

"10년 전, 아들이 다섯 살 때 43도의 고열이 20일 동안 지속됐다. 온갖 방법을 동원했지만 열은 내리지 않았다. 그런데 문득 양배추 잎사귀를 머리에 얹는 방법이 생각났다……."

그리고 이 처치로 열이 쉽게 내렸다고 했다.

당신은 혹시 위의 문장에서 이상한 점을 발견하지 못했는가? 이상한 점은 바로 '43도'라는 부분이다. 지금 당장 집에 있는 체온계 눈금을 확인해보라. 분명히 42도까지만 나와 있을 것이다. 사람은 체온이 43도가 되면 죽는다. 얼마나 신뢰할 수 없는 내용이 담긴 책인지 알 수 있지 않은가?

베스트셀러 사냥꾼은 대부분 이런 내용도 무비판적으로 받아들인다.

그리고 이렇게 무비판적인 시각으로 책을 읽으면 남이 가지 않는 길은 전혀 보이지 않는다.

16 정보 주머니가 많은 사람이 되라

당신은 호모루덴스인가?

앞에서 일과 직접 관계가 없는 '놀이'의 효과를 설명했다.

네덜란드의 역사학자 요한 호이징가(Johan Huizinga : 1872~1945)는 유희의 세계를 철학적으로 기술했다. 유명한 저서로는 《중세의 가을》과 《호모루덴스》가 있다.

호모루덴스(homo ludens)에서 호모(homo)는 인간을, 루덴스(ludens)

는 유희, 놀이를 말한다. 요컨대 호모루덴스는 '유희하는 인간' 이라는 뜻이다.

요한 호이징가는 놀이의 조건에 대해 명확하게 정의했다.

첫째는 자발적이어야 한다. 즉, 외부에서 놀이를 강제로 시켜서는 안 된다.

둘째는 일상과 격리되어야 한다. 즉, 일과 상관이 없어야 한다.

그런데 잘 놀지 못하는 사람은 대표적 일상인 '일' 에서 좀처럼 벗어나지 못한다. 흔히 '일중독자(workaholic)' 라고 불리는 사람이 그렇다.

일요일인데도 집에 있으면 할 일이 없다며 회사에 나가는 사람이 있다. 이런 사람은 정말 위험하다. 어쩌면 부인에게 이혼을 당하거나 회사를 그만두고 치매 증세가 나타날지도 모른다. 그리고 이웃에게 이상한 사람으로 취급당할 수도 있다.

내가 전에 살았던 곳에 대기업에서 퇴직한 사람이 있었다. 이 사람의 일과는 매일 아침 분재에 물을 주는 일로 시작한다. 그런데 언제부터인가 이상한 행동을 보이기 시작했다. 어느 비 오는 날 우산을 쓰고 분재에 물을 주고 있었던 것이다. 그는 일 중독자였거나 그에 버금가는 사람이었을지도 모른다.

요한 호이징가가 말하는 놀이는 '일상적이지 않은 세계를 즐긴다' 는 것이다. 또는 이런 세계를 개척하려는 마음가짐이다.

놀이 세계가 없는 사람은 갖고 있는 정보 주머니가 매우 적다. 앞서 딸을 찾는 전화에 "지금 ○○이는 목욕 중인데……"라고 정직하게 대답하는 아버지와 같은 사람은 놀이 세계가 존재하지 않는다고 할 수 있다. 그렇기 때문에 당연히 정보 주머니의 내용도 빈곤하다.

"전하고 똑같네"라는 말에 기뻐하지 마라

예를 들어 자기 앞으로 온 연하장이 있다고 하자. 그 중에서 영업이나 업무와 관련된 연하장은 제외시킨다. 같은 회사 사람, 친척, 5년 이상 습관 혹은 예의상 보낸 연하장을 모두 빼면 그 숫자가 확 줄어든다.

만약에 당신도 그렇다면 이런 인맥에서 얻은 정보는 당신의 두뇌에 있는 정보상자에 새로운 주머니가 되지 못한다.

그 사람의 정보 주머니가 점점 늘어난다는 말은 그 사람이 발전하고 변화한다는 말과 비례한다. 그러므로 몇 년 만에 만난 옛 친구에게 이런 말을 들을 수 있어야 한다.

"너 전하고 완전히 달라졌다……."

그런데 많은 사람은 이런 말을 듣고 기뻐한다.

"어쩜 전하고 똑같네……."

예의상 하는 인사에 활짝 웃는다면 세상 물정을 전혀 모르는 사람이다. 이 말에는 '너는 전혀 발전하지 않았다는 의미'가 숨어 있기 때문이다. 특히 만난 지 10분 안에 "전하고 똑같네……"라는 말을 듣는다면 기뻐할 것이 아니라 부끄러워해야 한다.

이 문제는 아주 중요하므로 나중에 좀더 자세히 이야기하겠다.

편향된 사고방식은 버려라

나는 항상 편향된 사고방식을 가진 사람이 되지 말라고 이야기한다. 여기서 말하는 편향된 사고방식의 사람이란 자신의 일과 취미에 맞지 않으면 전혀 관심을 갖지 않는 사람이다.

얼마 전에 조직 컨설턴트 OB모임에 참석한 적이 있다.

당시 나와 출장을 많이 다닌 동료 한 명도 왔는데 그가 내게 종종 했던 말이 있다. "후타미 씨, 시간이 없으니까 우리 빨리 가죠."

나는 평소 호기심이 많아 거리에서 걸음을 멈추는데 그때마다 그는 '저런 게 일하고 무슨 상관인가?' 라는 얼굴을 한다. 그리고 시간은 충분한데도 계속 시간이 없다며 나를 재촉한다.

이런 식으로 10년, 20년의 세월이 지나면 편향된 사고방식의 사람과 호기심이 많은 사람은 커다란 격차가 생긴다.

미안한 말이지만 나는 그 사람이 치매에 빨리 걸릴지도 모른다는 생각이 들었다.

당신도 편향된 사고방식을 가졌는지 점검해 보라.

만약 그렇다면 점차 모든 일에 호기심을 가져야 한다.

단순히 보는 사람이 아니라 시찰하고 관찰하는 사람이 되라

밤샘작업은 그만 둬라!

오래 전 이야기인데 지금도 판매되는 베스트셀러 제품을 하나 소개할까 한다. Y씨라는 사람과 관련된 이야기다. 당시 Y씨는 도쿄에 있는 생산재 관련 회사에 근무하고 있었다. 그는 새로운 거래처를 개척하려고 한겨울에 홋카이도(北海道)로 출장을 떠났다. 그리고 고쿠테쓰(國鐵)를 방문했지만 문전박대를 당했다. 하지만 쉽게 포기할 Y씨가 아니었다.

'좋아, 고쿠테쓰의 심야 현장을 방문하면 뭔가 길이 있을 거야.'

Y씨는 한밤중에 고쿠테쓰가 관리하는 선로를 둘러보기로 했다. 그리고 직원들이 선로 보수관리를 위해 건널목에서 곡괭이질을 하고 있는 것을 보았다. 영하의 기온 속에서 진행되는 대규모 작업이었다.

"왜 심야에 이런 대규모 작업을 합니까?"

현장에 있는 사람에게 그 이유를 물었더니 이렇게 대답했다.

"건널목 부분 선로는 복선으로 되어 있고 그곳에는 틈이 있습니다. 밤새 전력을 끊으면 몇 시간 동안 기차는 통과하지 않는데 눈이 내리면 녹았다가 점차 딱딱한 눈 덩어리로 변해 그 틈을 막게 됩니다. 결국 눈

덩어리는 기차 바퀴에 걸릴 정도로 단단해지고 다음날 그 상태에서 첫 기차가 통과하다 기차 바퀴가 눈 덩어리에 걸리면 최악의 경우 탈선해서 기차가 뒤집어질 수도 있습니다.” 그래서 이를 방지하려고 직원들이 밤샘작업을 한다는 것이다.

Y씨는 그 모습을 보고 곰곰이 생각했다.

‘눈이 그 틈에서 굳어지지 않도록 개선하면 엄동설한에 밤샘작업은 안 해도 될 텐데…….’

Y씨와 같은 사고방식이 세상을 바꾼다

Y씨는 1년 후 막대기 모양의 고무장치를 개발했다. 그는 고무장치를 지참하고 고쿠테쓰를 찾아가 직접 실험했다. 그리고 고무의 탄력을 이용해서 틈에 있는 눈을 모두 쓸어 버렸다. 밤샘작업을 하지 않아도 첫 기차의 바퀴에서 자동으로 고무장치가 내려와 쌓인 눈을 모조리 쓸게 했다. 결과는 대성공이었다.

Y씨가 개발한 제품 덕분에 한겨울 철도역에서 나던 곡괭이 소리는 사라졌다. 이 제품은 ‘바퀴 보호 고무’ 라는 이름으로 지금도 일본여객철도(JR), 제분공장, 시멘트공장의 견인 선로 등 모든 철도역에서 광범위하게 사용되며 그 기능을 톡톡히 해내고 있다.

하지만 쉽게 볼 수 있는 생활용품이 아니라서 아는 사람이 거의 없다. Y씨는 바로 ‘남이 가지 않는 길에 기회가 있다’ 는 사실을 증명한 사람이다.

아쉽게도 Y씨는 이미 이 세상 사람이 아니다. 한겨울에 술잔을 기울이며 고쿠테쓰 이야기를 들었던 일이 엊그제 같기만 한데 말이다. 나는 이 원고를 쓰며 그리운 Y씨를 떠올렸다. 나는 그를 국민표창을 받아야 할 인물이라고 생각한다. Y씨는 현장을 그냥 보기만 하지 않고 꼼꼼히 관찰했던 것이다.

단순히 보기만 하지 말고 관심을 갖고 꼼꼼히 관찰하라

'본다'를 가리키는 한자로는 '견(見)', '시(視)', '관(觀)'이 있다. 각각의 차이점을 살펴보자.

'견(見)'은 단순히 보는 것이다.

'시(視)'는 시찰한다는 의미로 '폭넓은 관심으로 사물을 바라본다'라는 뜻도 포함되어 있다.

'관(觀)'은 관찰한다는 의미로 '깊이 파헤치듯 대상의 본질에 접근할 수 있도록 사물을 바라본다'라는 뜻도 포함되어 있다.

앞서 소개한 Y씨는 단순히 보기만 하지 않고 관심을 갖고 꼼꼼히 관찰했다. 이렇게 남이 가지 않는 길에서 가치를 찾아 내는 사람은 사물에 관심을 갖고 꼼꼼히 관찰할 줄 안다. 다시 말해 무엇이든 단순히 보기만 해서는 새로운 가치를 발견하지 못한다는 뜻이다.

편향된 사고방식은 치매를 불러올 수 있고 편향된 시찰이나 관찰은

Y씨와 같은 사고를 할 수 없게 방해한다.

당신도 단순히 보기만 하지 말고 관심을 갖고 꼼꼼히 관찰하기 바란다. 충분히 도전할 만한 가치가 있지 않은가?

18 단순히 듣는 사람이 아니라 관심을 갖고 듣는 사람이 되라

단순히 듣기만 해서는 인생은 빛나지 않는다

나는 때때로 짓궂은 짓을 한다. 과연 어떤 짓을 할까?

신칸센(新幹線)이 도쿄역에 닿을 무렵 나는 서둘러 일어나 플랫폼 쪽 출구로 향한다. 조금 전 차내 방송에서 "출구는 오른쪽입니다"라고 했지만 나는 일부러 왼쪽 출구에 선다.

그러면 내 뒤로 다른 승객이 늘어서기 시작해서 도쿄역에 도착할 때는 긴 행렬이 만들어진다. 마침내 신칸센이 플랫폼에 돌입하면 뭔가 잘못됐다는 사실을 깨닫고 모두 오른쪽으로 돌아선다.

내가 신칸센에서 짓궂은 짓을 할 때마다 승객은 일제히 오른쪽으로 돌아서는 행동을 보인다.

모두 방송을 들었을 텐데도 이런 현상이 나타난다. 결국 승객은 단지 들리기 때문에 들었지 의식하고 집중해서 듣지는 않은 것이다. 요컨대 '소리'로 들을 뿐 '의미'로 듣지 않았다는 말이다.

세상에는 인생을 발전시키는 '듣기 방식'도 있지만 의미 없는 '듣기 방식'도 있다.

단순히 듣기만 해서는 인생은 빛나지 않는다.

잘 들은 덕분에 회사가 살아난다

사람들은 거리 곳곳에 덕지덕지 붙어 있는 다양한 색깔의 벽보광고를 쳐다보며 살아간다. 또 유리창에 붙어 있는 광고도 많다. 예전에는 풀로 붙이거나 페인트로 그린 광고가 대부분이었는데, 요즘은 거의 비닐 소재의 컷필름(cut film : 낱장으로 된 필름)을 이용한 광고가 많은 것 같다. 작업 현장에서 접착 필름을 벗겨 대상물에 붙이기만 하면 되는 이점이 있기 때문이다.

컷필름 방식은 히로시마에 있는 회사 직원이 최초로 개발했다. 그가 다니는 회사에서는 비닐 소재의 필름 등을 판매했는데 수작업으로 잘라야 하는 불편함 때문에 매출액이 점점 떨어졌다. 그러던 어느 날 거래처에서 전화가 왔다.

"혹시 자동 필름 절단기 같은 제품은 없나요?"

"죄송합니다만 그런 제품은 없습니다"라고 대답하는 순간 그의 머릿속에 번쩍 떠오른 생각이 있었다.

'이런 전화가 왔다는 건 자동 필름 절단기의 수요가 많다는 증거다.'

1년 후 뛰어난 기술을 보유한 제조업체의 협력으로 그는 자동 필름 절단기를 개발했고 드디어 판매가 시작되었다. 예상대로 수요는 많았고 그 회사는 다시 살아났다.

보통 자기 회사에서 취급하지 않는 제품을 문의하면 "정말 죄송합니다"라는 식으로 대답한다. 그리고 5분만 지나도 깨끗이 잊는다. 하지만 그는 거래처에서 온 전화를 단순히 듣기만 하지 않고 어떤 '의미'를 부여했다. 경청(傾聽)이란 말은 마음을 담아 듣고, 때에 따라 적절한 반응을 보인다는 뜻이다. 이처럼 단순히 듣는 사람과 관심을 갖고 듣는 사람은 완전히 다른 결과를 낳는다.

다시 질문해서 상대의 진심을 파악하라

나는 영업사원을 대상으로 한 여러 권의 책을 집필했는데 그 책에 '다시 질문하는 화법'을 소개했다. 이런 상황을 자주 봤기 때문이다.

어떤 회사 영업소를 방문했는데 사무실에서 여직원이 뛰어나와 막차를 타고 가려는 영업사원에게 거래처에서 전화가 왔다고 말했다.

영업사원은 황급히 창고에서 작은 꾸러미를 들고 와서는 내게 하소연했다.

"후타미 씨, 저는 이렇게 급작스런 연락이 제일 당혹스러워요. 고객 마음대로예요.”

대기업에서 지금 빨리 작업용 장갑 두 개를 갖고 오라는 전화였다. 오늘은 그쪽으로 갈 계획이 없지만 그래도 들고 가야 한다. 그런데 그렇게 되면 500엔(약 5,000원)의 비용을 들여 100엔(약 1,000원)인 상품을 전달하는 셈이 된다. 게다가 일정에 없던 일이라 하루가 더욱 바빠질 것이 뻔하다. 게다가 당장 가는 것도 무리다. 곤란한 표정으로 있는 그에게 나는 ‘다시 질문하는 화법’ 을 가르쳐 줬다.

그는 내 말대로 상대에게 전화해서 ‘다시 질문하는 화법’ 을 시작했다.

“……당장이라도 달려가고 싶습니다. 하지만…… 그래서 여쭤보는 건데요. 만약에 괜찮다면 지금은 안 되지만 11시까지는 꼭 가겠습니다…….”

분명히 작업 중인 장갑이 아주 못쓰게 되지는 않았을 것이다. 상대는 “아, 어쩔 수 없죠. 그럼 그렇게 하세요”라고 대답했다.

이처럼 다시 질문해서 상대의 진심을 파악하는 것이다. 하지만 이 방법은 대인관계에 적극적이지 않은 사람에게는 통하지 않는다.

내가 강의할 때 보면 수동적인 사람은 거의 질문을 하지 않는다. 질문을 하지 않는 사람에게 “이해했어요?”라고 물어 보면 보통은 “네”라고 대답한다. 하지만 실은 이해하지 못한 사람이 대부분일 것이다.

단순히 듣기만 하지 말고 관심을 갖고 질문하며 들어라

일본의 중견 주택공급 회사인 미사와홈의 미사와 지요지 사장은 자신의 저서에 사원의 '듣기 방식'에 문제가 있다고 다음과 같이 썼다.

"나는 우리 회사 직원들이 너무 이해력이 빠른 게 아닌가 하는 의문이 들었다. 사원들에게 종종 내 이야기를 이해했냐고 물으면 너무 쉽게 '네, 이해했습니다'라고 대답한다. 그리고 어떤 질문도 하지 않는다.

어느 날 나는 일부러 잘못된 화제를 섞어서 이야기했다. 당연히 의문을 품고 질문하리라 예상했지만 아무런 반응도 없었다. 그래서 평소와 다름없이 이해했냐고 물었더니 '네, 이해했습니다'라고 답했다.

그러나 사실은 아무도 이해하지 못했던 것이다."

정말로 남의 이야기를 잘 듣는 사람은 질문하며 듣는다. 나는 가끔 신칸센에서 짓궂은 짓을 하기도 하지만 일할 때는 단순히 듣기만 하지 않고 관심을 갖고 질문을 한다.

19 관찰 감각을 길러라

당신이 보고 듣는 정보는 일류인가 이류인가?

우리가 입수하는 정보는 오감(五感)을 통해 얻는다. 그 중에서도 눈

으로 보는 시각 정보와 귀로 듣는 청각 정보가 가장 많다.

일상에서 "저 사람은 견문(見聞)이 넓다"라는 말을 한다. 나는 이런 견문 감각을 관찰 감각이라 부른다. 관찰 감각이 빈약하거나 관심 방향이 다른 사람은 해외여행을 수십 번 해도 이렇다할 수확을 얻지 못한다. 반면 해외여행을 단 한 번 갔는데도 관찰 감각이 뛰어나 엄청난 수확을 얻는 사람도 있다.

어느 회사에 60세 정도의 T씨라는 상무이사 겸 부장을 맡은 사람이 있었다. 중역인 동시에 부장이라서 그에게 업무에 대해 일일이 지적하는 사람이 없었다. 출장을 갈 때도 자신이 어디에 가겠다고 결정하면 부하에게 통보만 하고 자유롭게 다녔다. T씨는 해외출장을 자주 갔는데 부하인 과장에게 "작년에는 열한 번이나 해외여행을 다녀왔어"라며 자랑하기도 했다.

옆에서 보면 마치 '정년퇴직하기 전에 출장이란 이름으로 해외여행을 실컷 다녀와야겠다' 라고 작정한 사람처럼 해외출장을 많이 갔다.

T씨와 수십 번 술 마셨던 동료는 그가 입만 열면 "멕시코 여자는……", "필리핀 세부 섬에 있는 클럽에서 술을 마셨는데……", "할리우드에 있는 여자는……"라며 여자, 술, 도박에 대해 이야기했다고 한다. 성실한 관찰 감각이 없으면 아무리 해외를 많이 다녀도 기껏해야 이런 말만 할 뿐이다.

해외여행의 목적이 단순한 관광이거나 불순한 동기가 있는 것이면 정상적으로 작동해야 할 관찰 감각은 마비된다.

'핵심 관찰 감각'이 중요하다

나는 미국 미네소타 주 로체스터 시에 있는 IBM 영업소를 방문한 적이 있다. 영업소라고는 하지만 규모가 상당히 크다.

거기서 기억에 남을 문구를 발견했는데 예전에 발간된 내 책에도 인용한 적이 있다.

"당신은 체인지 데커(change decker)가 아닌 체인지 메이커(change maker)가 되라."

여기서 '체인지 데커'는 '주위의 변화에 무작정 따라가는 사람'이고 '체인지 메이커'는 '자기혁신을 해서 주위에 건설적인 영향을 주는 사람'을 말한다. 이 해석은 미국 IBM 관리자가 가르쳐 줬는데 의욕을 샘솟게 하는 좋은 문구라고 생각한다. 이런 문구는 관찰 감각만 있으면 얼마든지 발견할 수 있다. 물론 발견하지 못하는 사람도 있기는 하다.

관찰 감각을 기르려면 '무엇이든 보겠다'라는 마음과 '잠깐 사이에 보는 것을 취사선택하는 능력'이 꼭 필요하다. '핵심 단어'라는 말이 있듯이 이것은 '핵심 관찰 감각'이라고 할 수 있다.

예를 들어 하코네(箱根) 고라(強羅)에서 케이블카를 타는 사람이 있다고 하자. '핵심 관찰 감각'이 뛰어난 사람은 케이블카 바퀴 한쪽이 선로 한 개 사이에 있고 다른 바퀴는 평면에 있다는 사실을 깨닫는다. 그러나 '핵심 관찰 감각'이 둔한 사람은 케이블카 선로를 따라 수국(水菊)이 쭉 심어져 있는 사실조차 깨닫지 못한다.

당신의 관심은 어디로 향하고 있는가?

가마쿠라(鎌倉) 도케이지(東慶寺)에 잠들어 있는 고바야시 히데오(小林秀雄)는 근대 비평의 기초를 확립한 평론가로 유명하다. 고바야시의 말 가운데 감명 깊은 문구가 하나 있다.

"사람은 관심이 있는 일만 마주친다."

바둑이나 장기에 관심이 없는 사람은 매주 신문에 게재된 관련 기사를 의식하지 못한다. 또 뮤지컬에 관심이 없는 사람은 신문광고에 게재된 광고를 알아보지 못한다. 따라서 사람은 관심이 있는 일만 마주친다는 그의 말은 아주 현실적이다.

나는 호텔 레스토랑이나 대형 음식점에 갈 때마다 관찰 감각이 결여된 사람이 상당히 많다는 사실을 깨닫는다.

종업원이 어떤 테이블로 걸어가고 있다. 그런데 사람은 일직선으로 걸어가며 왼쪽이나 오른쪽에는 전혀 관심을 두지 않는다. 그런데 왼쪽이나 오른쪽에 앉은 손님 중에는 '우리 테이블에 와줬으면 좋겠다'라고 신호를 보내는 사람도 있다. 이를 눈치 채지 못하는 남자 종업원이나 여자 종업원은 일류가 아닌 이류다.

나는 출장을 가면 역에 있는 서점을 둘러보는데 거기서 다양한 저자의 모습을 발견한다. 저자의 눈빛을 보면 아무래도 보통 사람과 다른 점이 있다. 그 모습이나 풍기는 분위기가 '핵심 관찰 감각' 과 일치한다는 느낌이 든다. 그런 눈빛으로 얻은 정보이기 때문에 계속해서 새로운 정보를 활자로 내보낼 수 있는 것일지도 모른다.

그런데 나는 지금까지 '이 사람은 대체 무슨 생각을 하나?' 라는 의문이 드는 샐러리맨을 너무 많이 봤다. 그리고 이들은 인간의 감정에 지나치게 둔하다.

얼마 전 큐슈(九州)에 있는 회사에서 내게 전화를 했다.

"○○를 보낼 테니 집 주소 좀 알려 주세요."

나는 그 말을 듣고 '어? 명함도 줬고 우편봉투에 고무도장으로 주소를 찍어놨는데……' 라고 생각했다.

그는 사물에 대한 관찰 감각이 부족한 사람이다. 이런 사람은 앞으로 좀더 사물에 대해 관심을 가질 필요가 있다. '무엇이든 보겠다' 라는 호기심과 예리한 눈빛으로 '핵심 관찰 감각' 을 기르면 그 사람의 정보력은 크게 향상될 것이다.

20 당신의 '지식·정보 무장력'은 어느 정도인가?

정보 무장력의 빈곤함이 초래한 비극

S씨는 대형 유제품 회사에 수십 년 동안 근무하고 홋카이도 공장에서 공장장으로 정년퇴직했다.

그는 직장을 다니던 시절 부동산 회사의 영업사원으로부터 끈질긴 권유를 받았다.

"그 땅은 틀림없이 오릅니다. 별장을 지어도 좋고 일반 주택도 괜찮아요. 땅값이 쌀 때 빨리 구입해야 해요. 조만간 가격이 꼭 오를 거예요. 투자용으로 아주 좋은 땅입니다. 이렇게 가격이 싼 이유는 앞으로 1년 동안 주택 건설이 금지된 '도시화 조정 구역'에 속하기 때문인데요. '건축 자유 도시화 조정 구역 변경 예정'은 시간문제예요. 변경만 되면 땅값이 정말 몇 배는 오른다니까요."

S씨는 영업사원의 열성적인 권유에 못 이겨 그 땅을 노후대책용으로 구입하기로 마음먹었다. 그리고 도야코(洞爺) 호수 근처에 있는 땅 300평을 구입했다.

얼마 후 S씨는 정년퇴직을 하고 도쿄 외곽에 있는 자택에서 한가롭게 휴식을 즐겼다. 그러던 어느 날 내 사무실에 S 씨가 찾아왔다. 나는 그 날 일을 아직도 잊을 수 없다.

"제가 사기당한 건가요?"라며 믿어지지 않는다는 표정으로 있는 S 씨에게 나는 "유감이지만 그렇습니다"라고 대답할 수밖에 없었다.

S씨가 사기당한 돈은 요즘으로 환산하면 1,000만 엔(약 1억 원) 정도로 정년까지 일했던 땀의 결정체였다. 그에게는 미안한 말이지만 이 사건은 '부동산 회사의 교활한 속임수'와 'S씨의 무지'가 초래한 비극이었다.

그의 잘못은 첫째, 상대의 말을 너무 믿었다. 둘째, 도시화 조정 구역에 대해 공부하지 않았다. 그리고 셋째는 상대가 도시화 조정 구역으로 변경이 확정됐다는 말을 하지 않았다는 점이다. 사기꾼은 결정적인 내용은 적당히 얼버무려 법적 책임을 교묘하게 회피했다.

S씨의 문제점을 좀더 냉정하게 지적하면 그는 '정보 무장력이 빈곤했다'는 것이다.

정보가 빈곤한 사람의 눈에는 아무것도 보이지 않는다

1977년에 파산한 대기업 종합 상사 A산업은 당시 미쓰이 물산, 미쓰비시 상사와 어깨를 나란히 하는 회사였다.

A산업이 파산한 뒤 어느 월간지에서 과장급 직원들과 비밀 대담을 취재해서 그 내용을 기사로 실었다. 그런데 기사를 읽고 대충 누가 말

했는지 쉽게 짐작이 갔다.

경리과장으로 추측되는 사람이 한 말이다.

"그날 아침 텔레비전에서 A사가 파산했다는 보도를 들었습니다. '음, 같은 이름의 회사가 파산했나 보군.' 이렇게 생각하고 출근했는데 파산한 곳은 다름 아닌 우리 회사였습니다. 저는 그때 굉장히 충격을 받았습니다."

나야말로 세상에 이런 경리과장이 있나 싶어 깜짝 놀랐다.

요즘 나는 대기업에서 정리해고 당한 경리과장들과 만나는데, 확실히 정보력이 빈곤한 경향이 있음을 발견한다. 한마디로 세상 물정을 모르는 사람이 많았다.

나는 30세 무렵에 경리 업무를 맡았는데 내가 자주 가는 전력회사 지점에는 경리과장이 세 명이나 있었다. 한 명은 출금 담당, 또 한 명은 입금 담당, 나머지 한 명은 사무총괄 경리과장이었다.

대기업은 이런 식으로 분업화되어 있다.

나처럼 가난한 중소기업에 다녔던 사람은 거의 혼자서 일한다. 전표 기표에서 기장, 감가상각 계산, 계정과목 처리까지 모두 혼자 하는 것이다. 그리고 거래 영업소의 상품 재고 파악과 재고 정리도 해야 한다. 세무조사가 있을 때는 경리과장이 입회한다.

그래서 자연히 다양한 경험을 하게 되고 좋든 싫든 공부해야 한다. 내가 특별히 잘났거나 영리했다는 말이 아니다. 다만 어쩔 수 없는 상황이었다는 말을 하는 것이다.

그런데 대규모 조직 출신의 경리담당자는 무슨 일이든 회계사무소에 맡기면 잘 처리해 준다고 믿는다. 그래서인지 이들 중에는 경리의 기본조차 모르는 사람이 꽤 많이 있다.

즉, 습득한 지식이나 정보가 빈곤하다는 말이다.

알고 모르고는 하늘과 땅 차이다

어느 회사 사장은 간판만 보고 대기업 출신의 경리과장을 채용했다. 그런데 그가 계약서를 들고 내게 상담을 하러 왔다. 상담이라고는 하지만 '이렇게 결정됐습니다' 라는 사후 양해에 지나지 않았다.

"프랑스의 무명 패션 브랜드 사용권(royalty)을 구입하려고 합니다. 도쿄 긴자(銀座)의 에이전시에서 몇 번이나 적극적으로 권유하러 왔어요. 일본에서 2년 이내에 패션잡지도 출판할 예정이라고 하는데 그렇게 되면 단숨에 다섯 배 이상은 이득을 볼 수 있습니다."

나는 직감적으로 또 내가 갖고 있는 정보를 종합적으로 분석해 볼 때 이상하다는 느낌이 들었다.

그래서 나는 그에게 조언했다.

첫째, 도쿄 긴자의 에이전시에 전화하라. 둘째, 유력한 패션 잡지사에 전화해서 이런 소문을 들었는지 문의하라. 셋째, 같은 업종의 회사에 전화해서 이런 제의가 있었는지 알아보라.

그가 도쿄 긴자의 에이전시에 전화했더니 그런 회사는 실재하지 않는 유령회사였음이 밝혀졌다. 이번에는 유력한 패션 잡지사에 연락했더니 "2년 이내에 창간한다면 우리가 먼저 알았을 것이다. 거짓말 같다"라고 답변했다. 그리고 같은 업종의 회사도 동일한 제의를 받았다고 했다.

일일이 전화로 확인한 끝에 요즘 돈으로 환산하면 500만 엔(약 5,000만 원)을 사기당하지 않을 수 있었다. 계약 직전에 내게 상담하러 온 것이 천만다행이었다. 그 경리과장은 왜 이렇게 어이없이 일을 처리하려고 했을까?

바로 '뭔가 좀 이상하다'라며 의문을 품을 만한 기초 정보를 갖지 않았기 때문이다. 또한 '어디에 어떻게 확인해야 하는가'를 생각하지 못했기 때문이다.

요컨대 세상 물정을 너무 모른다는 점이 문제였다.

서적 구입비용은 월급의 몇 퍼센트인가?

나는 28세 때 '난 왜 이렇게 세상 물정에 어두울까?'라며 자책했다. 그래서 '좋아, 이제부터 책을 읽자!'라고 결심한 후 제일 먼저 쇠로 된 조립식 선반을 구입했다. 이 선반은 아직까지 사용하고 있는데 내게 아주 의미가 깊다.

당시 난 자비로 하코네에서 열린 세미나에 참석했다가 '난 왜 이렇게 세상 물정에 어두울까?' 라고 생각했다. 그때부터 봉급의 3퍼센트를 서적 구입에 사용하겠다고 결심했다.

나는 35세 때 7만 엔(약 70만 원) 정도의 월급을 받았다. 여기서 3퍼센트는 약 2,000엔(약 2만 원)이었는데 300엔(약 3,000 원)이면 책 한 권을 살 수 있었던 시대였다.

이렇게 나는 월급의 3퍼센트로 '지식·정보 무장' 을 시작했다.

당신은 현재 월급의 몇 퍼센트로 '지식·정보 무장' 을 하는가? 만약 1퍼센트도 되지 않는다면 정말 안타까운 일이라고 하지 않을 수 없다. 모든 직장인들은 언젠가는 조직을 떠나게 되는데 그때는 엄청난 자기혐오에 빠지기 쉽다.

경기가 나쁠 때일수록 '지식·정보 무장율' 을 높게 설정해야 한다.

자신을 지탱 해주는 자기계발에 투자해야 성공할 수 있음을 명심해야한다.

21 시인 '백거이' 에게 배우는 현명한 사람이 되는 길

사소한 일을 무시하지 마라

당나라 중기의 대표적인 시인 백거이(白居易 : 772~846)는 선(禪)을

배우기 위해 고승을 찾아갔다. 그는 고승에게 물었다.

"선생님, 부끄럽습니다만 선(禪)의 기본 사고방식이 잘 이해되지 않는데 다시 한 번 가르쳐 주십시오."

그러자 고승이 대답했다.

"어, 상당히 좋은 질문이야. 선(禪)이란 선(善)하다고 믿는 바를 과감하게 실천하고 악(惡)하다고 생각하는 것은 하지 않는 것이라네."

백거이는 이 말을 듣고 마음속으로 '그 정도는 어린아이도 아는데……' 라고 생각했다. 그러나 고승은 역시 대가였다. 마치 백거이의 마음을 꿰뚫은 듯 이야기했다.

"이보게, 백거이. 내 말을 잘 들어 보게. '선(善)을 행하고 악(惡)은 행하지 않는다' 는 정도는 세 살 먹은 아이도 알 수 있어. 그러나 실천은 고희(古稀 : 70세)를 맞이한 노인에게도 어려워."

고승의 교훈은 현대에도 적용할 수 있다.

나는 기업 연수를 마치면 참가자에게 평가서를 써달라고 한다. 그런데 평가서에서 이런 말을 자주 발견한다. '특별한 이야기는 거의 없었다. 인사방식이나 화법 등 지극히 당연한 이야기가 많았다.'

많은 사람이 이렇게 쓰는데 '그 당연한 이야기조차 실천하지 못하는 사람이 대부분' 이므로 그 평가서는 이치에 맞지 않는다고 생각한다.

언젠가 전철 안에서 대학생으로 보이는 청년이 《윤리학(倫理學)》 책을 들고 있는 모습을 봤다. 그는 다리를 길게 뻗은 채 두 사람 자리를 혼자 차지하고 있었다. 윤리학은 사람의 길을 배우는 학문이다. 그런데 전철 안에서의 그 태도는 윤리학이 울고 백거이가 한탄할 행동이었다.

당신은 꼬치꼬치 묻는 사람인가?

히로시마 시내의 한 음식점에서 어느 호텔 사장과 술을 마신 적이 있다. 그가 잠깐 자리를 떴을 때 기모노를 입은 종업원의 행동을 보며 느낀 점이 있어서 젓가락 봉투에 간단하게 메모했다. 마침 그때 사장이 돌아와서 내 모습을 본 후 질문했다.

"후타미 씨, 이렇게 쓴 메모가 모아져서 나중에 책으로 나옵니까?"

나는 마치 나쁜 일을 하다 들킨 사람처럼 쑥스러웠다. 내 메모 방식을 그가 알아차렸기 때문이다. 그러나 내 정보수집 기술의 실체는 모르는 듯 그는 여러 가지 질문을 했다.

나는 회사원 시절에 경리를 자청했다. 하지만 아무런 경험도 없이 경리를 맡게 되어 눈앞이 캄캄했다. 당시 우리 회사 경리과장은 독학으로 세무사 자격을 딴 연배의 여성이었는데 굉장히 똑똑했다.

내가 그 회사를 그만 둘 때 경리과장이 지난날을 회상했다.

"후타미 씨의 질문 공세에 아주 당황했어요. 고정장기적합비율(固定長期適合比率)이 뭐냐고 물을 때는 간이 철렁했어요. 가까스로 그 자리는 모면했지만 집으로 돌아가 눈에 불을 켜고 공부했어요. 그런 줄 몰랐죠? 덕분에 여러 가지 많이 배웠습니다."

나는 지금도 모르는 부분은 남에게 자꾸 물어 본다. 그런데 내가 연수에서 만나는 사람은 대부분 '왜 이렇게 질문이 없을까' 라는 생각이 들 정도로 조용하다. 아무래도 어떤 질문을 해야 할지 모르기 때문에 그런 것 같다.

아는 체 하지 말고 자꾸 물어 봐야 성공한다

혼다기연공업의 창업자 혼다 소이치로 씨는 자서전에 다음과 같은 이야기를 했다.

"학력만 높고 남에게 모르는 점을 묻기 싫어하는 사람은 고학력의 병폐를 드러내는 사람이다."

장기기사 요네나가 구니오(米長邦雄)는 현재 '영세기성(永世棋聖 : 일본의 장기명인 타이틀)' 이라는 칭호를 듣는다. 그는 자기보다 훨씬 어린 하부 요시하루(羽生善治 : 일본의 장기명인) '용왕(龍王)' 의 집에 직접 찾아가서 가르침을 얻은 적이 있다. 절대로 쉽게 할 수 있는 일이 아니다.

혼다 소이치로 씨도 "모르는 일은 자꾸 물어 봐야 한다" 라고 말하지 않았는가?

남에게 질문해서라도 '좀더 구체적으로 알고 싶다' , '본질을 파악하고 싶다' 라는 생각을 가지려면 정말로 의욕이 있어야 한다.

나는 특허청 상표등록이나 의장등록 신청 등을 변리사에게 맡기지 않고 직접 처리한다.

한번은 아버지에게 경영을 물려받은 풋내기 사장이 뭔가 착각하고 나를 도쿄지방재판소에 고소한 일이 있었다.

하지만 나는 변호사에게 의뢰할 돈도 없었고 이기리라는 확신이 있었기 때문에 변호사 없이 상대 변호사와 맞섰고 재판에서 승리했다.

내가 변호사 없이 상대를 이기고 변리사 없이 특허를 딸 수 있었던 것은 모르는 일을 남에게 자꾸 물어 봤기에 가능했다.

앞서 소개한 백거이의 일화에서는 시대를 뛰어넘어 배울 점이 많다.

제4장

회사를 올바르게 판단할 수 있는
드러난 정보와 숨은 정보

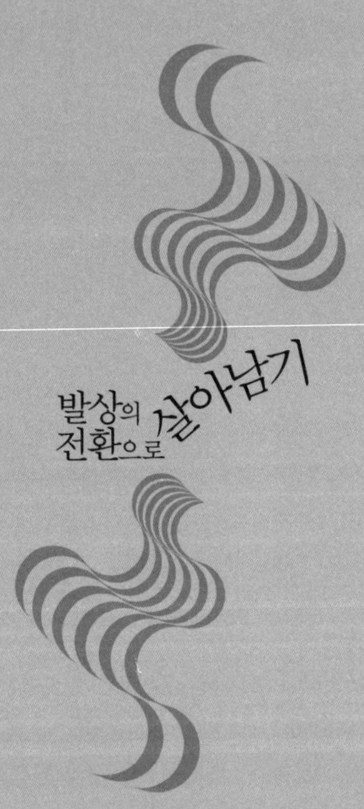

발상의
전환으로 살아남기

회사생활을 즐기려면
'새끼 매'가 되어야 한다

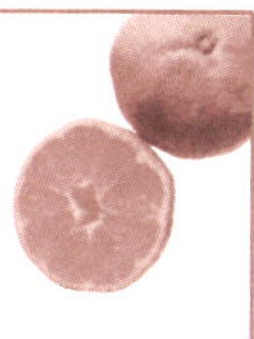

'떠나도 지옥, 남아도 지옥'인 상황에 말려들지 마라

나는 매의 생태를 추적, 관찰한 텔레비전 프로그램을 여러 번 봤다.

이제 곧 둥지를 떠날 때가 된 새끼 매에게 어미 매가 먹이를 물어다 준다. 그러자 새 전문가는 "이로써 새끼 매가 둥지를 떠날 날이 며칠 더 연장되는 거죠"라고 말했다. 그리고 새끼 매에게 독립심을 주려면 먹이 공급을 중단해야 한다고 설명했다.

다시 말해 새끼 매가 스스로 날 수 있는 시기가 오면 어미 매는 먹이를 중단해야 한다는 뜻이다. 이것은 먹이를 원하면 새끼 매 스스로 찾아 나서라는 어미 새의 절연(絶緣) 선언과 같다.

앞으로 회사에 입사한 샐러리맨은 정년퇴직을 목표로 일하지 말고 둥지를 떠날 기회를 엿보다가 스스로 살길을 찾아 나설 수 있어야 한다.

평범한 생활을 보장해 주는 회사에 들어가도 '이제 안심이야!'라며 안주할 수 없는 시대가 되었기 때문이다. 첫째도 일, 둘째도 일이라며 회사에 충성하는 사원이 되어서는 안 된다. 그렇다고 적당히 일하라는 말은 아니다.

이제 '세상에 저런 회사가 파산하다니!' 라고 여겨지는 혹독한 상황이 점점 더 많아질 것이다. 앞으로 경영 환경이 좋아질 전망이 없어 보이기 때문이다. 근무하는 곳이 파산하지는 않더라도 '떠나도 지옥, 남아도 지옥' 이라는 절망적인 경영 상태에 직면할 가능성은 얼마든지 존재하므로 조심해야 한다.

회사를 이용해서 자신의 힘을 길러라

회사는 당신을 이용해서 이익을 올리고 그 대가로 봉급을 지불한다.

사회라는 구조는 서로 상대방을 건설적으로 이용함으로써 성립된다. 하지만 회사를 잘 이용하는 사람은 극히 일부다.

자위대에 입대한 젊은이 중에는 임기 안에 대형자동차 면허를 취득하고 제대하고 나서 취직할 때 유리한 조건으로 삼으려는 사람이 꽤 있다. 자위대 쪽에서도 맡은 바 임무를 충실히 수행한다면 얼마든지 대형자동차 면허를 취득할 수 있게 하는 방침을 세웠다. 자위대 대원은 '봉급을 받으면서 대형자동차 면허를 취득할 수 있으므로 크게 이득이다' 라고 여기고, 자위대 쪽에서는 '군대에서 필요하니까 대형자동차 면허를 취득하게 한다' 고 생각하는 것이다.

나도 자위대 대원이었는데 그때보다 지금이 더 합리적이고 계산적인 사고방식의 젊은이가 많은 것 같다.

직장인은 앞으로 좀더 이런 사고방식을 발휘해야 한다. 단, 비밀스럽게 뭔가를 유출하거나 노하우를 도용해서는 안 되며 어디까지나 정정당당하게 회사를 이용해야 한다.

내가 회사에 다니던 시절을 예로 들어 보겠다. 나는 업무상 일본 전역으로 출장을 다녔고 덕분에 '견문을 넓힐 기회'가 많았다. 그로 말미암아 일을 초월해서 친분을 나누는 인맥도 생겼다.

그때의 경험이 현재 컨설턴트로 살아가는 데 큰 도움이 된다. 결과적으로 전에 다닌 회사에서 쌓은 경험을 독립 후에 활용한 셈이 되었다.

오로지 한 길만 가는 것은 위험하다

나는 몇 년 동안 경리 업무를 하면서 '머지않아 세무사 자격을 취득하겠다'는 결심으로 배웠다. 그런데 이런 각오로 일을 배우는 사람이 그리 많지 않은 것 같다.

예를 들어 기술부문에 배치되어 여러 해 동안 기술 관련 업무를 해도 '앞날을 위해 기술사 자격을 취득하겠다'며 배우는 사람이 거의 없다.

또 영업부문에 소속되어 몇 년이나 영업 업무를 해도 '앞으로 판매사 자격을 취득하겠다'는 각오로 배우는 사람은 별로 없다.

마찬가지로 법무부에 속해서 여러 해 동안 특허 관련 일을 해도 '미래를 위해 변리사 자격을 취득하겠다'고 다짐하며 배우는 사람은 드물다.

대부분은 2급 건축사 자격을 갖고 일하는데 특별한 불편함이 없으므로 1급 건축사 자격을 취득할 생각은 하지 않는다.

하루하루 일에 쫓기기 때문인가? 시간에 쫓기며 하루 일과만 소화시키면 그뿐이라는 생각인가?

오로지 한 길만 가는 것은 위험하다. 권투에서 가슴이나 복부 공격을 받는 것처럼 언제 어디서 치명적인 타격을 입을지 모르기 때문이다.

임금체불을 계기로 회사를 설립한 사람

지금부터 아주 불리한 조건인데도 훌륭하게 회사를 세우고 얼마 전 '창립 15주년 축하연'을 열었던 사람을 소개할까 한다.

그는 15년 전 혈액검사회사에 근무했다. 아마 당신도 병원에서 혈액검사를 받아 본 적이 있을 것이다. 그리고 그때 담당자가 "결과는 다음 주에 알려드리겠습니다"라고 말했을 것이다.

현재 몇몇 대형병원을 제외하고 혈액검사를 직접 자기 병원에서 하는 경우는 거의 없다. 대부분 그가 일하는 혈액검사회사의 영업사원에게 혈액을 맡기고 지난주에 한 검사결과를 받는 식으로 일을 처리한다.

왜 병원에서 혈액검사회사를 이용하는가? 가장 큰 이유는 비용이 싸기 때문이다.

그는 15년 전 혈액을 수집하러 다니던 어느 날 '이 회사에 계속 다닐 수 있을까 하는 불안'에 휩싸였다. 사장이 골프장에 투자했다가 실패하고 자금 융통에 어려움이 생겨 임금이 체불되었기 때문이다. 그러다 '문득' 이런 생각을 했다.

'그래, 내가 회사를 차리는 거야. 임상검사기사를 두고 검사 기준을 갖추면 회사설립허가가 날 거야. 그렇다면 이 회사가 망하더라도 거래하는 병원에 피해를 주지 않고 내가 일을 물려받을 수 있어……'

그의 예상은 적중했고 그때 설립한 회사는 15년 동안 크게 발전했다.

그는 회사 설립을 '문득' 생각해 냈다고 했다. 하지만 여기서 '문득' 이란 말은 평소에 아무 생각도 하지 않았다는 의미가 아니다.

오히려 평소에 '뭔가 좋은 방법이 없을까' 혹은 '뭔가 새로운 길을 개척할 수 없을까' 라고 생각했기에 응축된 정열과 문제의식이 활짝 꽃 피는 순간이 '문득' 발생한 것이다.

당신 주변에도 '뭔가 이용할 수 있는 유형·무형의 지적재산' 이 있을지 모른다. 이런 생각으로 당신 주위를 한번 둘러보라.

23 유능한 경영자는 훌륭한 연출가와 같다

연출을 잘하는 경영자는 가끔 거짓말도 할 줄 알아야 한다

경제 월간지에 업계 최고인 대형 문구 제조업체 회장이 사진과 함께

크게 소개된 적이 있다. 그와 기자 사이에 일문일답 형식으로 진행된 기사였다.

여기서 회장은 회사가 영업실적이 좋은 이유를 이야기했다.

"경영자인 제가 수완이 좋아서 영업실적이 좋은 게 아닙니다. 현장에서 일하는 사원들이 우수하기 때문에 이룰 수 있었던 성과예요. 사원들에게 진심으로 감사하게 생각합니다……."

회장의 말은 내게 선의의 거짓말로 들렸다. 그는 섬세한 사람이므로 분명히 이렇게 생각했을 것이다.

'내가 하는 이야기는 경제 월간지에 게재된다. 이 잡지는 시중에 유통되니까 분명히 우리 회사 사원 중에도 읽는 사람이 있을 거다. 그렇다면 경영자의 수완이 좋아서 영업실적이 좋다고 이야기하는 편보다는 우수한 사원 덕분이라며 공을 사원에게 돌리는 편이 좋겠다…….'

솔직히 그는 이런 생각을 했을 것 같다.

"맞습니다. 경영자인 제 전략이 회사 발전의 원동력이었습니다."

이렇게 이야기하면 그 기사를 읽는 사원은 아무런 감동도 느끼지 못할 것이기 때문이다.

'포카리스웨트'와 '오로나민 C'로 유명한 기업 오츠카제약(大塚製藥)의 창업자 오츠카 마사히토(大塚正士) 씨는 사망하기 전에 유서 대신 자서전을 냈는데 현재 많은 경영자에게 도움을 주고 있다. 자서전에는 정공법의 사고방식이 수록되어 있다.

"회사의 영업실적이 좋은 원인은 경영자에게 80퍼센트가 있다. 반대로 영업실적이 부진한 원인은 경영자에게 80퍼센트가 있다."

그러나 이런 정공법을 잡지 인터뷰에서 굳이 이야기할 필요는 없다. 잡지를 자사 직원의 충성심 향상에 이용하는 편이 훨씬 효과적이기 때문이다. 그래서 유능한 경영자는 훌륭한 연출가와 같다고 한다.

최고경영자의 거짓말에 들뜨지 마라

여러분 중에는 '그렇지만 질이 안 좋은 거짓말을 하는 사람이 있다'고 생각하는 사람도 있을지도 모르겠다. 이번에는 검찰이 개입될 정도로 심각한 거짓말은 아니더라도 질이 안 좋은 거짓말에 대해 말하겠다. 남이 가지 않는 길을 찾아 내려면 먼저 사람의 심리를 잘 이해해야 한다.

어떤 제조업체는 경영부진으로 대기업 밑으로 들어갔다. 그리고 본사에서 부장으로 있었던 사람이 새로운 사장으로 임명됐다. 본사에서는 신임 사장에게 압력을 가했다.

"이 회사를 적자에서 흑자로 전환시킬 수 있는가 없는가에 따라 당신의 앞날은 결정됩니다."

사장이라는 이름은 그저 허울뿐이고 사실 그는 영업부장 겸 공장장에 지나지 않았다.

신임 사장은 회사에서 가장 일 잘하기로 정평이 난 K라는 사원을 유심히 살펴봤는데 정말로 능력이 뛰어나 보였다. 직접 지게차와 현장에 있는 기계를 조작하고 일 처리도 능숙하며 혼자서 다섯 명 정도의 생산성을 보였다. 또한 팀의 리더를 맡아 다른 팀보다 몇 배나 되는 실적을 올렸다.

어느 날 신임 사장은 현장에서 그와 마주쳤는데 그는 예의바르게 인사도 잘하는 훌륭한 사원이었다.

"이봐, K군. 정말 열심히 하는군. 나랑 차라도 한잔 마시지 않겠나?"

그리고 신임 사장은 그에게 말했다.

"나는 자네를 임원으로 추천할 생각이야. 자네처럼 회사를 위해 열심히 일하는 사원을 여태까지 한 번도 본 적이 없어. 앞으로도 잘 부탁하네!"

그 말을 듣고 K 군은 용수철 달린 인형처럼 금방이라도 날아오를 듯 흥분했고 전보다 훨씬 더 열심히 일했다. K군은 평사원에서 이사로 전격 승진됐다. 흥분하지 않는 편이 오히려 이상하지 않겠는가?

공장에서는 으레 초과근무를 했는데 순박한 사람이 많았기 때문인지 근로기준법을 내세우며 불평하는 사원도 없었다.

그러던 어느 날 K군은 공장에서 현기증으로 쓰러졌다. 응급실로 실려간 K군은 의사로부터 "과로가 원인이며 적어도 열흘 이상은 안정을 취해야 한다"라는 통보를 받았다. 의사는 K군의 이야기를 참고로 해서 진단을 내렸다.

그러나 K군은 병원에 입원한 지 7일 만에 세상을 떠났다.

그리고 신임 사장은 그가 입원한 동안 단 한 번도 병문안을 오지 않았다.

복잡한 두뇌 가운데 한 부분이라도 갈고 닦아라

왜 K군은 신임 사장의 사소한 '치켜세움'을 간파하지 못했을까? 그것은 K군의 순박함 때문이다. 사람은 때로 거짓말도 하고 속이기도 한다. 하지만 K군은 이런 사람의 심리를 이해하지 못했던 것이다. K군의 순박함을 이용해서 죽음으로 내몰 정도로 혹사시킨 신임 사장의 처사는 인간으로서 최악이다.

나는 본사의 고문 자격으로 사건이 발생한 공장을 방문해 신임 사장의 문제점과 노동기준법에 위배된 과잉 노동이었는지를 조사했다. K군은 과잉 노동으로 과로사 했음이 밝혀졌고 유가족이 산재 보상을 받았다.

사람이 모든 일을 다 잘 할 수는 없다. 자신이 알고 있는 부분도 있지만 모르는 부분도 분명히 있다. 따라서 뭐든지 다 잘 하려고 하면 안 된다. 물론 모르는 부분이 적을수록 좋기는 하다.

세상에는 착한 사람만 있지도 않고 나쁜 사람만 있지도 않다. 그런데 남을 속이는 사람은 대부분 상대의 무지한 부분을 이용한다. 신임 사장

역시, K군의 순박함과 무지를 이용했던 것이다.

중국 격언 중에 '군자는 너무 믿지도 않고 너무 의심하지도 않는다'는 말이 있다. 사람은 자칫 무조건 믿거나 무조건 의심하는 경향이 있는데 이렇게 되면 사물을 바르게 판단할 수 없다. 따라서 무지함을 줄이려면 다양한 분야를 폭넓게 공부해야 한다.

또한 남이 가지 않는 길에서 밝게 살아가는 힘을 찾으려면 복잡한 두뇌 가운데 한 부분이라도 깊이 있게 갈고 닦아야 한다.

24 우수 판매사원이 출세하는 회사

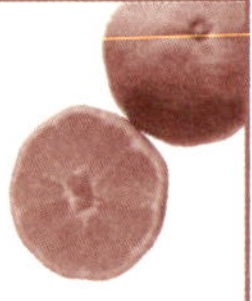

훌륭한 지도자는 예전에 우수한 선수가 아니었어도 가능하다

일본에서 거품경제가 붕괴한 뒤인 1997년에 파산한 N생명보험회사가 있다. 나는 공교롭게도 업계 최강인 M생명과 파산한 N생명, 두 곳에서 모두 컨설턴트로 있었다.

그런데 파산한 N생명의 영업소장 중에는 계약실적이 높은 사람이 많다는 사실을 깨달았다. 요컨대 N생명의 승진 기준은 판매실적이었던 것이다.

일반기업도 N생명과 같은 인사를 하는 일이 많다. 이는 관리자가 영업실적이 높아야 부하를 격려하거나 질타할 수 있다는 사고방식이다. 이런 평가 구조가 잘못되었다는 말은 아니다.

30년 동안 경영 컨설턴트로 지내며 내가 내린 결론은 열 명 정도로 구성된 팀을 이끄는 관리자는 영업활동 경험이 있으면 좋지만 그렇지 않더라도 '사람을 쓰는 기술' 만 있으면 된다는 사실이다.

여기서 잠깐 프로야구 감독의 리더십을 소개하겠다.

우에다 도시하루(上田利治) 씨는 간사이(關西)지방의 사설 철도 계열의 구단이 번성하던 시절 한큐 브레이브스(지금의 오릭스 블루웨이브) 감독으로 있었다. 그는 현재 훌륭한 지도자로 명성이 자자하다. 그런데 그의 선수시절 성적을 살펴보면 1959년 포수였을 때 2할 3푼, 1960년 포수와 외야수를 번갈아 맡았을 때 2할 8리, 1961년 포수였을 때 1할 7푼 9리로 그의 통산 타율은 2할 1푼 9리였다. 한눈에 봐도 그리 뛰어난 성적이 아니었음을 알 수 있다.

그러나 우에다 씨는 야구 이론에 해박한 지식을 갖고 있었다. 그리고 한큐 브레이브스는 이 점을 높이 평가하고 그를 감독으로 영입했다. 우에다 씨가 감독으로 있을 때 한큐 브레이브스는 리그 우승을 다섯 번이나 하고, 3년 연속 일본시리즈에서 우승하는 위업을 달성했다.

우에다 씨와 관련된 에피소드를 소개하겠다.

최근 타격이 부진한 선수가 타석에 들어섰다. 그러자 우에다 씨가 선수 옆에 가서 뭔가 귓속말을 한 다음 더그아웃으로 돌아갔다. 그런데 그 선수가 바로 안타를 쳤다.

나중에 어떤 사람이 우에다 씨에게 물었다.

"도대체 선수에게 무슨 말을 하셨습니까?"

"별말 아니었어요. '나는 그렇게 못했지만 자네라면 꼭 슬럼프에서 탈출할 수 있어' 라고 했습니다."

아마도 우수한 선수 출신의 감독이었다면 이런 말은 하지 못했을 것이다.

수완가와 관리자의 차이점

상사는 부하에게 쉽게 "뭐야, 이런 것도 똑바로 못해!" 라고 말한다.

프로야구 감독 중에도 이렇게 말하는 사람이 있다. 대부분 자신의 성적을 자랑하는 사람은 '뭐냐, 그것도 못해……' 라고 말하는 경향이 있다.

예전에 Y증권이라는 회사가 있었는데 나는 그곳 관리자 연수에서 매월 이틀 동안, 6개월을 전임강사로 나섰다.

처음에는 당시 나고야 지점장이 상당한 수완가라는 인상을 받았다. 그리고 또 다른 요코하마 지점장은 굉장히 차분하다는 느낌을 가졌다.

그런데 실제 업적을 살펴보니 요코하마 지점이 최고였고 나고야 지점이 최하위였다. 그래서 나는 두 지점을 직접 방문해 보기로 했다.

나고야 지점장은 직접 부하 앞에 나서서 고객 개척 활동을 지도했다. 마치 중대장이 부하를 믿지 못하고 혼자서 칼을 휘두르며 적진에 뛰어 드는 듯했다. 한편 요코하마 지점장은 부하에게 오전 11시부터 오후 1시까지는 자리에 있겠다고 말한다고 한다.

"당연한 말이지만 영업활동은 혼자서 해야 합니다. 그래서 저는 낮 시간대에 중간보고를 시켜요. 부하는 고객의 말에 상처를 받기도 하고 반대로 아주 기뻐하기도 합니다. 하루에 한번 중간보고 때 서로 마주 합니다. 침체된 부하는 격려하기도 하고 기뻐하는 부하와 기쁨을 함께 나누기도 합니다. 그리고 오후 활동에 대해 조언해 줍니다."

이것이 수완가와 관리자의 차이점이다.

관리자를 배치해야 할 부서에 수완가를 배치한 후 지도자로서 소임 을 잘 해내기 바라는 조직은 문제가 있다.

판매 실적이 높다고 승진시키면 안 좋은 상황을 불러올 수 있다

거품경제 시절에는 부동산 회사가 활발하게 영업활동을 펼쳤다. 그 런데 실적 위주로 직원을 승진시키는 부동산 회사가 많았고 이런 회사 는 대부분 파산했다. 또 파산하지는 않더라도 겨우 명맥을 유지하는 것 이 실상이다.

원래 조직에서는 업적이 좋을 때는 문제점이 전체에 가려 보이지 않지만, 상황이 나빠지면 그 실체가 드러나게 된다. 관리자가 있어야 할 위치에 수완가가 배치되면 그 조직의 미래는 그리 밝지만은 않다. 즉, 인사관리가 엉성한 조직은 장기적인 성장을 기대하기 어렵다.

판매 실적이 뛰어나다고 관리자를 맡기는 감각은 비합리적인 인사관리에 속한다. 따라서 이런 인사를 당연하게 여기는 경영자나 인사부장은 현장 감각이 부족한 사람이라고 할 수 있다. 어떤 회사인지 파악하려면 이 점을 잘 관찰해야 한다.

'관리자가 있어야 할 위치에 수완가를 두지 마라' 이것은 인사정책의 철칙이다. 사람의 심리를 꿰뚫는 경영자는 그릇된 인사를 하지 않기 때문이다.

비합리적인 인사정책은 훗날 커다란 부작용을 낳는다. 그리고 선견지명이 없는 사람은 잘못된 인사정책을 행한다.

당신의 회사에 혹시 잘못된 인사정책은 없는가?

25 회사의 성공과 실패는 최고경영자에게 달렸다

땅에 떨어진 최고경영자의 도덕심

나는 나와 관련된 회사를 평가하는 습관이 있다. '평생 일해도 후회

하지 않겠는가’ 라는 식으로 회사가 일방적으로 나를 평가하는 것이 싫어서 그렇게 한다.

우리는 회사의 최고경영자에게 신과 같은 인격을 기대하지는 않는다. 최고경영자도 사람이기 때문이다. 하지만 최근 최고경영자의 도덕심이 점점 땅에 떨어지고 있다. 그런데 이런 현실은 여러 가지 기업 범죄의 그늘에 가려져 눈에 잘 띄지 않는다.

언젠가 대형 백화점 창업자의 발언이 외국 저널리스트의 저서에 실렸다.

“비즈니스는 형무소 문 앞까지 가야 성공한다. 바로 앞까지는 가지만 형무소 안에 들어가게 일을 처리해서는 안 된다. 그 안에 들어가면 끝이다. 하지만 형무소 근처까지 가지 않으면 비즈니스는 성공하기 어렵다.”

어떤 사람의 표현에 따르면 이런 경영자도 수완가 중에 한사람이라고 한다. 확실히 비슷한 사고방식의 경영자가 적지 않다.

어느 경영자는 뻔뻔스럽게 주장하기도 한다.

“나는 손발처럼 부릴 수 있는 사람을 원한다. ‘수족’ 에게 의사나 결단은 필요 없다.”

나라면 이런 경영자가 주는 월급은 받고 싶지 않다.

최고경영자를 평가하는 일도 능력 가운데 하나다

이제는 최고경영자를 평가하는 일도 능력 가운데 하나로 자리잡았다. 요컨대 보이지 않는 부분을 읽을 수 있는 능력이 있어야 한다.

나는 30년 동안 경영 컨설턴트를 하면서 '회사를 파멸하게 만드는' 최고경영자의 공통점을 발견했다.

첫째, 자만심이 높아 제3자의 의견을 듣는 귀를 막고 있다.

둘째, 종업원을 자신의 돈벌이 수단으로 이용한다.

셋째, 항상 공부하거나 참신한 정보로 두뇌를 채우지 못한다.

넷째, 공과 사를 혼동한다.

다섯째, 종업원의 의욕과 능력개발에 투자하지 않는다.

최고경영자는 자만해서는 안 된다

1990년에 당시 매출액 300억 엔(약 3,000억 원)의 S공무점(工務店)이란 회사가 있었는데 사장의 기세가 하늘을 찌를 듯했다.

S공무점은 1983년 당시 매출액 28억 엔(약 280억 원) 규모의 회사였다. 그런데 7년 만에 매출액이 열 배가 됐다. 게다가 사장은 '내 전략이 적중했기 때문이야' 라며 자만했다.

예를 들면 철근을 다루는 젊은 여성 기술자를 키웠다는 식으로 신문에서 S공무점을 치켜세우거나 방송국에서 취재를 나오기도 했다. 그래서 대형 건설회사에서도 S공무점의 존재를 알게 됐다. 그러자 신기하게도 일이 마구 쏟아져 들어왔다.

S공무점은 연 매출액 350억 엔(약 3,500억 원)까지 기록했다. 하지만 거품경제가 붕괴하면서 매출액의 감소 속도가 가속화됐고 결국 S공무점은 파산했다.

사장은 회사가 파산한 뒤 착잡한 심경을 털어놓았다.

"때늦은 후회겠지만 권력 집중으로 판단 실수가 많았습니다. 제3자의 의견에 전혀 귀 기울이지 않았어요. 혼자서 일을 처리했기 때문에 마음대로 요트도 구입하고……."

S공무점은 최고경영자의 자만심 때문에 파산한 것이다. 이는 S공무점에만 해당되는 이야기가 아니다.

그 후 사장은 자살을 기도했으나 간신히 목숨은 건졌다.

최고경영자는 종업원을 돈벌이 수단으로 이용해서는 안 된다

오사카에 있는 어느 회사 사장은 부정한 방식으로 금융기관에서 돈을 빌렸다. 그는 결국 거액의 불량채권자가 되었고 연일 텔레비전과 주간지에 이름이 오르내렸다.

사장은 종업원의 월급에서 원천징수한 보험료 등을 관공서에 납부하지 않고 자신이 유용했다. 부모가 자식의 예금을 빼내 도박을 한 것이나 다름없었다.

이런 사장은 경영자로서 실격일 뿐만 아니라 인간으로서도 문제가 있다.

비슷한 업종의 회사가 도쿄에도 있었는데 어느 날 사원들에게 이런 지시가 내려졌다.

"퇴근할 때는 타임카드를 찍을 필요가 없다."

그 이유는 초과근무의 증거를 남기지 않기 위해서다. 물론 사장이 내린 지시였다. 그런데 아무도 이의를 제기하지 않고 시키는 대로 일했다. 도대체 노예와 무엇이 다른가? 그는 존경받는 사장과 상당히 거리가 멀다.

경영자는 종업원을 돈벌이 수단으로 이용해서는 안 된다.

항상 참신한 정보로 두뇌를 채우는가?

어떤 회사의 사장실에는 책꽂이가 없다. 또 어떤 회사의 사장실에는 책꽂이는 있지만 책을 꽂아 두지 않았다.

이들은 평소 책을 읽지 않을 것이 틀림없다.

흔히 정보가 풍부하다거나 빈곤하다고 말하는데 정보는 읽거나 듣거나 보는 것으로 얻는다.

정보를 얻기 위해 무언가 읽지 않는 사람은 정보 부족과 편향에 시달리기 마련이다. 즉, 사고와 판단의 치우침이 발생한다는 말이다.

어느 회사 사장이 도쿄의 하라주쿠에 '채식 레스토랑'을 내기로 했다. 하지만 개업 첫날부터 손님이 없었고 얼마 후 문을 닫았다. 젊은이의 거리로 유명한 하라주쿠라면 한창 인기 있는 고깃집이 승산이 있었을 것이다. 하지만 채식 레스토랑은 붕어잡이 어장에 송어잡이 장치를 걸어 놓은 것과 같다.

만약에 그 사장의 책꽂이에 유통관련 서적이 꽂혀 있었다면 이런 결과는 나오지 않았을지 모른다.

컴퓨터는 구입한 지 6개월에서 1년만 지나도 새로운 버전이 출시된다. 이처럼 지금 우리는 변화가 극심한 시대에 살고 있다. 활자 정보는 경영자가 공부해야 할 가장 기본 사항으로 이를 무시하는 사람은 참담한 패배를 맛볼 것이다.

공과 사를 혼동하는 최고경영자는 인간성에 문제가 있다

예전에 대형 통신회사 사장이 '아내의 속옷까지 회사 공금으로 구입했다' 는 사실이 밝혀져 주간지에 대대적으로 보도된 적이 있다. 그렇게 공과 사를 혼동하는 사람을 보면 어처구니없다는 생각밖에 안 든다.

그 회사의 부하는 자살을 했는데 그 사장은 무죄판결을 받았다.

어느 회사를 경영 진단하면서 사장 부인이 매월 한두 번씩 회사에 찾아와 경리과장에게 상품권 다섯 장씩을 가져간다는 사실을 알게 됐다. 그래서 다른 비리는 없는지를 조사했더니 비정상적인 급여가 있었다. 경리과에 확인하니까 사장 집에서 일하는 가정부 월급이라고 했다.

이런 사장은 사원들로부터 존경받지 못한다. 또한 경리과 사원의 입을 통해 '사장은 파렴치하다'는 소문이 파다하게 퍼졌다.

당신이 근무하는 회사의 사장은 그렇지 않겠지만 이렇게 공과 사를 혼동하는 최고경영자가 있어서는 안 된다.

종업원의 의욕과 능력개발에 투자하는가?

원래 인재개발(교육)은 이런 능력을 개발하려고 한다.

첫째, 짧은 시간에 일을 처리한다.

둘째, 적은 비용으로 일한다.

셋째, 간결하고 이해하기 쉽게 일한다.

넷째, 같은 시간 동안 좀더 많은 일을 처리한다.

다섯째, 예정 시간 내에 일을 완결한다.

하지만 교육 효과는 단시간에 나타나지 않으며 꾸준히 예산을 편성해야 교육 효과를 올릴 수 있다. 만약에 교육이 효과적으로 발휘되지 않으면 어떤 현상이 나타날까?

예를 들어 공공요금을 납부한다고 하자. 바코드가 들어간 청구서를 우체국이나 편의점에 가져가면 바로 처리해 주고 한쪽에 영수했다는 도장을 찍어 준다.

하지만 어떤 대형은행에서는 고객에게 입금표를 써오라고 한다. 새삼스레 뭔가를 쓰는 불편함이 따르는 것이다. 한마디로 쓸데없는 일을 시키는 은행이 있다는 말이다.

은행원 교육이 세상 돌아가는 상황과 동떨어져 있기 때문에 고객은 우체국이나 편의점에서도 하지 않는 일을 종종 은행에서 강요받는다. 이렇게 되면 당연히 고객의 마음은 그 은행에서 멀어진다.

은행 입구에서 "어서 오세요"라고 공손하게 인사하면 뭐하나? 또한 5,000엔(약 5만 원) 인출 고객에게 105엔(약 1,050원)의 수수료를 부과하는 제도 역시 모순이며 고객을 무시하는 태도가 아닐 수 없다.

이는 최고경영자의 의욕과 능력개발 사고방식이 사회와 동떨어져 있기 때문에 벌어지는 사태다.

26 전혀 변하지 않는 회사는 곤란하다

변화는 성장한다는 증거다

고무제품을 제조하는 중소기업에서 간부사원을 모집했다.

예상보다 훨씬 많은 사람이 응모했는데 면접 때 이런 질문을 했다.

"우리 회사는 대기업도 아닌데 왜 지원했습니까?"

한 지원자가 대답했다.

"저는 항상 이 회사 앞을 지나다녔습니다. 그런데 이곳은 정말 변화가 많았습니다."

그는 계속해서 이야기했다.

"회사 정문 근처에 있던 쓰러질 듯한 집이 철거되거나 회사를 둘러싸고 있던 벽이 새롭게 칠해져 화려해지거나 정문 왼쪽과 오른쪽에 국기게양대가 세워져 매일 아침 국기와 회사기, 안전기가 게양되고……. 이런 변화는 회사가 점점 성장하는 증거라고 생각해서 지원했습니다."

그의 지적은 예리했다. 요즘 나도 그 회사를 드나들며 개혁의 바람을 느꼈다. 이처럼 변화하는 회사가 있는 한편 전혀 변하지 않는 회사도 있다.

지금처럼 변화의 물결이 거센 환경 속에서 변화하지 않는 회사는 생존 자체가 위험하다.

변화하지 않으면 도태된다

'H 슈크림' 이라는 브랜드를 주력 상품으로 내세워 유명해진 회사가 있다.

예전에 나도 백화점에 들렀다가 이 회사 지점에서 아이스크림을 구입했는데 녹지 않도록 쇼핑백에 드라이아이스를 넣어줬다.

하지만 이제는 가정에서 쉽게 슈크림을 만들 수 있고 경쟁사에서 다각도로 연구, 개발한 냉동과자를 선보이고 있다. 또한 손님이 주문하면 직접 눈앞에서 신선한 크림을 주입하는 등 다양한 방식이 등장했다.

그런데 H 슈크림을 개발한 회사는 아무런 변화가 없었다. 환경은 변화하는데 회사는 변하지 않으면 균열이 발생할 수밖에 없다. 다시 말해 조직 안에만 갇혀 있으면 과거의 껍질에서 벗어날 수 없는 것이다. 결국 그 회사는 2001년에 민사재생법(民事再生法) 적용을 신청했다.

지금 당신의 회사는 건설적으로 변하고 있는가?

성장하는 회사는 변신이 뛰어나다

지방 도시에 선물용품을 취급하는 어느 상사가 있었다.

1992년 무렵 나는 사장이 있는 곳으로 안내되었다. 햄버거 전문점이 있던 자리에 가게를 열 생각인데 그곳이 적당한지 봐달라는 것이다. 나는 그에게 호소했다.

"선물용품은 수요가 많은 제품이 아닙니다. 또한 기호가 다양해서 앞으로 경영의 주축이 되기 어렵습니다. 주력 상품을 과감하게 다시 검토해야 경영이 안정될 수 있습니다."

그러나 풋내기 사장은 어려움을 겪은 경험이 없었기에 쉽게 결단을 내리지 못했다. 그리고 "어떻게든 되겠죠"라며 상황을 낙관했다. 사실 임원이나 부장급 직원도 이런 시각으로 경영을 하는 일이 굉장히 많다.

그러나 성장하는 회사는 아침에 결정했던 일을 저녁에 바꿀 정도로 빠르게 변화한다.

'초대형 목욕탕' 사업을 개척한 회사는 경영 노하우를 책자로 만들고 프랜차이즈 방식으로 가맹점을 모집했다. 그 회사는 사업이 순조롭게 진행되자 오사카에 있는 요시모토흥업(吉本興業)과 제휴했다. 초대형 목욕탕 건물 내에서 연예인이 공연을 한다는 기획으로 말미암아 요시모토흥업은 연예인을 키우는 장소를 확보하고 동시에 회사는 관련 상품도 판매할 수 있다는 장점을 이용한 것이다.

성장하는 회사는 끊임없이 변화한다. 당신의 회사도 변화의 조짐이 보이는가?

회사의 발전적인 변신은 '시대의 요구'임을 분명히 기억하라.

제5장

자신을 판매할 수 있는
독특한 기술을 길러라

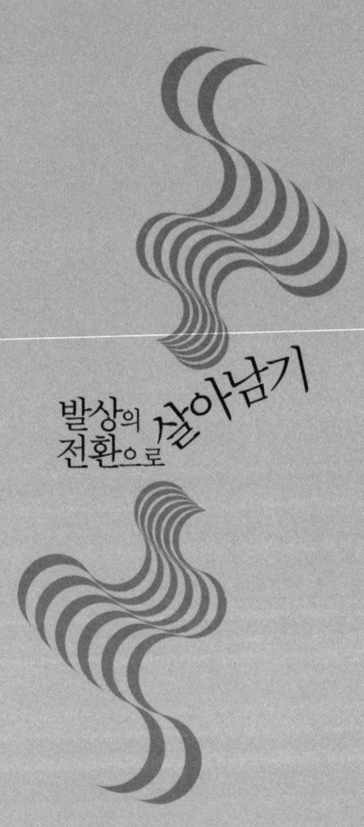

발상의
전환으로 살아남기

27

비즈니스 감각이 부족하면 자격증은 아무 소용없다

자격증은 있지만 독립하지 못하는 사람

이미 자격증을 취득했거나 앞으로 취득하려는 사람은 대부분 '자격증을 따면 뭔가 해낼 수 있을 거야'라고 막연히 생각한다. 다른 목적으로 자격증을 취득하는 사람도 있지만 대부분 자격증에 막연한 소망을 담는다.

요즘은 대학시절에 여러 종류의 자격증을 따놓으려고 열을 올리는 사람이 많다. 이런 학생이나 일반인이 매년 몇 사람 정도 일과 자격증에 관해 내게 상담하러 온다.

최근에 머리가 좋아 보이는 어떤 사람이 나를 찾아왔다. 이미 세무사 자격증은 땄고 앞으로 공인회계사 자격증을 목표로 하고 있다고 말했다. 그는 51세로 10년 동안 근속했고 현재 경리주임으로 있다고 했다. 나는 그에게 물었다.

"좀더 좋은 직장에 들어갈 생각입니까? 아니면 독립하려고요?"

그의 대답은 단호했다.

"독립하지 않을 거라면 자격증을 딸 이유가 없죠."

나는 그를 적당히 격려해 줬다. 하지만 내 생각에 그는 십중팔구 독립하지 못할 것 같았다. 고객이 오지 않으리라(개척하지 못하리라) 생각했다. 그의 근속연수와 나이를 따져 봤을 때 아무리 승진이 늦었어도 현재 과장 대우나 과장이란 위치에 있어야 한다. 나는 그가 제때 승진하지 못한 이유를 알 수 있을 것 같았다. 그는 인상이 어두웠으며 말할 때 표현력이 부족했다. 또 상대와 거리를 좁힐 수 있는 공감대가 거의 없었다. 그가 아무리 회계업무를 잘 처리한다고 해도 상대가 쉽게 일을 맡기겠다는 마음이 들지 않을 것처럼 느껴졌다.

직장에서 좋은 인간관계를 구축하지 못하는 사람은 독립해도 성공하기 힘들다.

자격증 취득 능력과 독립(경영) 능력은 별개다

나를 찾아온 경리주임은 자격증을 취득하는 능력은 있지만 독립 능력은 부족하다고 생각한다. 실제로 세상에는 이런 사람이 많다.

내가 조직 컨설턴트를 그만두고 경영 컨설턴트로 독립한 지 어언 30년이 흘렀다.

'조직'에는 나보다 경영 컨설턴트에게 필요한 경영분석이나 관리회계, 공정, 생산관리, 원가관리, 가치분석 지식이 더 뛰어난 사람이 많이 있다. 그 중에는 세무사나 공인회계사도 있다.

그런데 왜 그들 대부분은 독립하지 못하는가? 그리고 설령 독립한다고 해도 오랫동안 계속하지 못하는 까닭은 무엇인가? 왜 '중소기업 진단사' 라는 자격증을 갖고 있는 사람은 대부분 독립하지 않는가?

한마디로 말해 '비즈니스맨 감각' 이 결여되어 있기 때문이다.

나는 철물 도매상의 경영진단을 위해 오사카의 철물점을 방문한 적이 있다. 그런데 점원이 모두 외부에 있어서 가게에 손님을 맞을 사람이 없었다. 그래서 내가 점원대신 손님을 맞았다.

나와 동행한 철물 도매상 과장은 내 모습을 보고 아주 놀란 듯했다. 자격증만 있으면 먹고 살 수 있다고 생각하는 사람은 나와 같은 행동을 쉽게 하지 못한다.

나는 내가 고문을 맡은 곳에 종종 카세트테이프에 녹음한 '목소리 편지' 를 발송한다.

"후타미 선생님이 마치 눈앞에 있는 듯한 느낌이 들어 기뻤습니다. 저도 각 영업소에 6개월마다 한 번씩 선생님처럼 '목소리 격려 메시지' 를 보낼 생각입니다."

모 협동조합 이사장이 내게 한 말이다.

나는 이를 '비즈니스맨 감각' 이라고 부른다. 지식만으로 독립하는 것은 무리다.

'비즈니스맨 감각' 이 자격증에 생명을 불어 넣는다

공인회계사 자격증을 취득했지만 어쩔 수 없이 회사에 근무하는 사람이 있다.

변호사 자격증을 취득했지만 어쩔 수 없이 회사에 근무하는 사람이 있다.

중소기업 진단사 자격증을 취득했지만 어쩔 수 없이 회사에 근무하는 사람이 있다.

사회보험노무사 자격증을 취득했지만 어쩔 수 없이 회사에 근무하는 사람이 있다.

법무사 자격증을 취득했지만 어쩔 수 없이 회사에 근무하는 사람이 있다.

이런 자격증을 취득했으나 '비즈니스맨 감각' 이 부족한 사람이 상당히 많이 있다. '비즈니스맨 감각' 이란 굽실거리는 태도가 아니다. 예를 들어 음식 접대를 받았다고 하자. 그러면 다음날 반드시 고맙다는 인사를 해야 한다. 또 언제 가겠다고 약속하면 그곳에 5분 전에는 도착해야 한다. 서류를 보내겠다고 약속하면 그 날까지 꼭 보내야 한다. 그리고 팩스를 보낼 때는 원고가 잘 보이도록 확대해서 상대가 읽기 쉽도록 배려해야 한다.

상대를 배려하지 않고 잘난 체 하듯 어려운 전문 용어를 마구 남발하는 사람은 독립하기 어렵다. 설령 독립한다 해도 오래 가지 못할 것이 분명하다.

자격증이 있어도 '비즈니스맨 감각' 이 부족하면 독립할 때 사용하지 못하는 '죽은 자격증' 이 된다.

이런 의미에서 '자격증' 자체는 '하드웨어' 고 '비즈니스맨 감각' 은 '소프트웨어' 라고 할 수 있다. '비즈니스맨 감각' 은 자격증에 생명을 불어넣어 주며 또 살아가는 무기가 될 수 있다.

<table>
<tr><td>28</td><td>여러 가지 일을 경험하면 인생
후반에는 자신의 상품가치를
높일 수 있다</td><td></td></tr>
</table>

다양한 인간의 모습을 그리는 작가의 체험담

젊은 시절, 특히 20대부터 30대 전반까지는 좋고 싫음을 떠나 여러 가지 일을 경험해 보겠다는 사고방식으로 행동해야 한다. 미래에 반드시 도움이 되기 때문이다.

사람은 장애물이나 인생의 벽에 부딪치면 그것을 초월할 수 있는 방법을 궁리한다. 그런데 자신의 체험이나 지식, 정보 영역을 뛰어넘는 발상을 쉽게 하는 사람은 거의 없다.

그러므로 젊었을 때는 좋고 싫음을 따지지 말고 여러 가지 일과 체험에 도전해야 한다. 당장은 아무것도 깨닫지 못한다고 해도 언젠가 틀림없이 도움이 되기 때문이다.

"젊었을 때 그 일을 해 보길 잘 했어!"

많은 사람이 이렇게 말한다.

언젠가 작가 노사카 아키유키(野板昭如) 씨의 젊은 시절 이야기를 읽은 적이 있다.

"무명 시절에 나는 다른 사람의 강아지나 고양이를 씻겨 주는 일도 했다. 크고 작은 경험을 모두 쓴다면 이력서 용지 3, 4장은 거뜬히 채우고도 남을 것이다."

그 시절 노사카 씨는 좋고 싫음을 따질 처지가 아니었기에 애완동물을 씻겨 주는 일도 마다하지 않았다. 나는 그가 여러 가지 일과 생활을 체험함으로써 다양한 발상이 가능한 대작가로 성장했다고 생각한다.

추리작가로 유명한 마쓰모토 세초(松本清張) 씨는 82세로 세상을 떠났다. 그런데 그는 제2차 세계대전이 끝난 후 전쟁터에서 복구 사업도 해봤고 대빗자루 행상까지 했다고 한다. 일본 열도 남단의 오이타(大分)는 대나무 산지로 유명한데 그는 오이타에서 대빗자루를 구입해 오사카까지 팔러 다녔다. 마쓰모토 세초 씨는 자서전에 '얼마 후엔 나고야까지 찾아갔다' 고 기록했다. 대빗자루를 팔기 위해 거의 500~600킬로미터의 거리를 움직인 것이다

한편 배우 모리시게 히사야(森繁久彌) 씨는 전쟁 후 자동차 타이어를 판매했다고 한다.

타이어가 낡은 자동차를 발견하면 혹시 타이어가 필요하지 않느냐

며 교환을 권했지만 음식조차 풍족하게 먹을 수 없는 시대라서 타이어는 좀처럼 팔리지 않았다고 한다.

미즈카미 쓰토무(水上勉) 씨는 전업 작가로 있으면서 먹고살기 힘들 때 의류 행상을 했는데, 옷을 보자기에 싸서 등에 짊어지고 장사를 하러 다녔다고 한다.

쓸모없는 체험은 없다

위에 소개한 작가가 다양한 체험을 했다고 해서 모든 사람이 다 그래야 한다는 말은 아니다. 내가 하고 싶은 말은 젊었을 때 좋고 싫음을 따지지 않고 생활하면 나중에 다 쓸모가 있다는 것이다.

나는 호기심이 많은 편이라 젊은 시절 여러 가지 체험을 했다.

내가 인쇄회사에 다녔을 때의 이야기다. 나는 영업담당이었는데 그 회사는 다이닛폰인쇄(大日本印刷)나 철판인쇄(凸版印刷)와 같은 대기업은 아니어도 상당히 좋은 곳이었다.

다른 책에도 소개했는데 나는 인쇄 과정에서 합금으로 된 활자를 뽑는 작업도 하고 인쇄기계도 직접 조작했다. 그 가운데 독일제 소형 인쇄기는 원고를 타자로 치고 그것을 세팅해서 인쇄하는 반자동 기계로 내 전용이었다. 직접 영업을 해서 주문을 받고 타자로 친 뒤 인쇄, 납품, 수금까지 모두 혼자 하는 식으로 일을 진행했다.

그 당시 나는 6개월 동안 요코하마 시에서 주도한 시민대학 그래픽

디자인 심야 강좌를 들었는데 회사 동료 중에 나처럼 그래픽디자인 강좌를 듣는 사람은 한 명도 없었다.

한번은 이런 일도 있었다. 어느 구두 제조업체의 판촉용 팸플릿 일을 맡은 뒤 이 회사의 판촉 인쇄물을 보고 내가 지적했다.

"이건 사람의 눈을 끄는 힘이 부족합니다."

그 인쇄물은 오로지 '구두 제조업체'라는 점만 주장하고 있었다. 음식에 비유하면 설탕과 소금은 넣었지만 아무런 감칠맛도 없는 요리나 마찬가지였다.

판촉에는 'AIDMA의 원칙'이 기본이다. 참고로 'AIDMA'에서 A는 'Attention(주의)', I는 'Interest(흥미)', D는 'Desire(욕망)', M은 'Memory(기억)', A는 'Action(행동)'의 약자다.

나는 처음에 등장하는 A, 즉 'Attention'에 집중해서 팸플릿 디자인을 고안했다. 꽃병처럼 부츠에 아름다운 꽃을 꽂고 그 사진을 팸플릿 표지에 실었다.

인생에서 젊은 시절 자발적으로 했던 경리업무나 심야 강좌에서 배웠던 공부가 큰 도움이 되고 있다.

요즘은 기업 규모가 거대해지면서 일이 점차 분업화되어 가고 있다. 그런데 조직의 수익 향상 원리에 빠져 있는 인쇄 영업사원의 대부분은 고객이 표지 디자인에 대해 이런저런 주문을 하면 "회사 디자이너와 상담한 다음에……"라고 대답한다.

기업은 당연히 수익 향상 원리를 추구한다. 하지만 개인은 남이 가지 않는 길을 간다는 생각으로 그래픽디자인 등도 자신의 담당 분야로 여기고 공부해야 한다. 언젠가 분명히 도움이 되기 때문이다.

게는 등딱지 모양으로 구멍을 판다

T씨는 직장생활에서 벗어나 화산으로 유명한 구마모토(熊本) 아소산(阿蘇山)에서 펜션을 경영하고 있다.

그는 봉급생활자였던 50세 때 휴일을 이용해서 조경 학원에 다녔다. 희망퇴직으로 직장을 그만 둔 T씨는 조경 일을 전문적으로 하려고 했으나 체력적인 문제에 부딪쳐 어쩔 수 없이 단념했다.

그런데 펜션을 경영하면서 조경 학원에 다녔던 경험이 크게 도움이 되었다.

조경 전문가는 목수일도 할 줄 알아야 하는데 그것은 학원에 다닐 때 익혔다.

그는 목수일이 펜션 주위에 사는 사람들과의 인간관계에 '커다란 도움이 되었다' 고 말한다.

젊은이는 일하러 나가고 노인만 있는 집에는 종종 목수일이 필요한 때가 있는데, 그때마다 T씨가 "한 시간이면 고칠 수 있어요. 제가 해드릴게요"라며 발 벗고 나섰고 노인들은 그에게 몹시 고마워했다.

T씨는 이런 식으로 펜션 주위에 사는 사람들과 마음을 터놓고 지냈

다. 이웃들이 "채소가 필요하면 우리 밭에서 언제든지 뽑아가세요"라고 말할 정도였다.

"그래서 우리 펜션도 마을 사람들이 자유롭게 이용할 수 있게 했어요. 전 몸으로 직접 부딪쳐서 사람들과 사이좋게 지냈습니다. 커다란 나무는 심기 힘들지만 접는 사다리를 이용해서 나뭇가지를 다듬는 일 정도는 얼마든지 할 수 있어요. 유급휴가를 얻어서 조경 학원에 다니길 정말 잘 한 거 같아요."

체력이 있는 한 '무슨 일이든 해보겠다'라는 도전정신은 인생을 살아가는 데 큰 도움이 된다.

사람은 자신의 미래를 생각할 때 체험과 지식, 정보의 깊이에서 1밀리미터라도 초월해서 생각하지 못한다. 등딱지가 작다면 그만한 크기의 구멍밖에 팔 수 없는 것이다

그래서 '게는 등딱지 모양으로 구멍을 판다'라고 말하는 것이다.

29 일 년에 한 가지 기술을 습득한다는 자세로 살아가라

일 년에 한 가지 특기는 익혀라

'일년일기(一年一技)'는 내가 만들어 낸 말로 나는 이를 실천하며 살

아가고 있다.

나는 10년 전에 강연을 위해 서울에 자주 갔다. 그런데 강연할 때마다 전적으로 통역의 도움을 받아야 했다. 그래서 곰곰이 생각해봤다.

'오늘은 ○월 ○일이다. 작년 ○월 ○일에서 1년이 지났는데 나는 도대체 어떤 부가가치를 내 것으로 만들었는가?'

하지만 이렇다 할 부가가치가 하나도 없었다.

'안 되겠다. 매일 일에 쫓기며 사는 건 아무 일도 하지 않는 것과 다를 바 없어.'

나는 이 점을 절실하게 느꼈다. 그리고 '좋아. 이제부터 적어도 일 년에 한 가지 기술은 습득하자' 라는 목표를 세웠다.

'일 년에 최소한 한 가지는 전에 갖고 있지 않았던 특기를 익혀야지.'

다음 해 나는 서울에서 열린 강연회에서 한국말로 인사했고 내 한국어 공부는 본격적으로 시작됐다. 이런 식으로 나는 일 년에 한 가지 기술을 습득한다. 내 책이 한국에서 7, 8권 정도 출판된 것도 모두 한국어 공부를 한 덕분이다.

내 선생님은 15세 소녀다

나는 일찌감치 컴퓨터를 구입해 놓고 어떻게 사용하는지 몰라 한동안 방치해 둔 적이 있다. 그러던 어느 날 와카야마(和歌山)에서 일어난 '독극물이 들어간 카레 사건'을 기록한 책 《왜 네 명은 죽었는가?》를 읽었다. 이 책의 저자는 미요시 마키(三好萬季)라는 15세 소녀였다.

다음은 작가 와타나베 준이치(渡邊淳一) 씨의 서평이다.

"나는 이 책을 읽고 눈이 번쩍 뜨이는 기분이 들었다. 수백 명의 경찰과 의사, 매스컴의 눈보다 한 소녀의 눈이 훨씬 투명하고 정확했다."

미요시 양은 이 책을 쓰기 위해 인터넷에서 정보를 수집했다고 한다.

'음, 이러고 있을 때가 아니군. 컴퓨터를 사기만 하고 그냥 내버려뒀어. 이건 보물을 갖고 있으면서 썩히고 있었던 거잖아.'

와타나베 씨처럼 나도 정신이 번쩍 들었다. 단순히 컴퓨터 자판을 두드리는 작업은 이미 오래 전에 경험했다. 그때의 감각을 떠올리며 적극적으로 컴퓨터를 배웠고 2개월 만에 인터넷을 이용해서 일하는 데 성공했다. 결국 내 컴퓨터 선생님은 미요시 마키라는 15세 소녀였던 셈이다.

미요시 선생님 덕분에 나는 '일 년에 한 가지 기술을 습득한다'는 목표를 실천할 수 있었다.

나는 고희에 '새롭게 출발하는 축하연'을 가질 생각이다

나는 2006년 1월 25일에 고희(古稀)가 된다. 이 날을 '일 년에 한 가지 기술을 습득하는 결심'의 커다란 고비로 삼기로 했다.

거창한 계획은 아니지만 '고희 축하연' 을 가질 생각이다. 그러나 내 본심은 '고희 축하연' 이 아니라 '새롭게 출발하는 축하연' 에 있다. 그 날을 청춘의 기(氣)를 불러오는 축하의 날로 만들 작정이다.

일 때문에 피곤한 사람이라도 '기' 가 담긴 취미를 즐기면 활력이 넘쳐난다. 당신도 이런 경험이 있을 것이다. 나는 평소에 '기' 를 넣어 일하고 '기' 를 넣어 논다. 그리고 70세부터는 한층 '기' 를 넣어 살고 싶다.

당신도 꼭 일 년에 한 가지 기술을 습득하기 바란다.

30 돈벌이가 되는 일은 분명히 있다. 문제는 발견하는가 그렇지 못한가다

돈벌이가 되는 일은 무한히 있다

나, '후타미 미치오' 가 생각한 미래에 돈벌이가 되는 일을 소개할까 한다.

① 애완동물 시장. 기획업(홍보는 홈페이지에서 한다)

• 애완동물을 파는 사람과 사는 사람이 만나는 자리를 마련한다. 양쪽에서 판매액의 몇 퍼센트인 수수료를 받는다.

② 혼자 사는 노인의 이야기 상대가 되어 주는 실버파트너업(홈페이

지도 활용해서 홍보한다)

- 앞으로 노인인구는 점점 늘어날 것이다. '오늘도 어느 누구와 이야기하지 못했다' 라는 유서를 남기고 자살하는 노인도 있다.

③ 각 가정에 이야기 상대가 방문하는 제네레이션 파트너업(홈페이지를 활용해서 홍보한다)

- 남성과 여성 담당자가 대기하고 있다. 세대별로 이야기 상대가 되어 준다.

④ 거리에서 홍보하는 스피커업.(홍보할 때 홈페이지도 활용한다)

- 거리에서 홍보하는 사람은 광고문구만 들고 있고 이야기하는 사람은 따로 둔다. 이렇게 하면 광고 효과가 높아진다.

⑤ 회사 화장실 청소 전문업.(홍보는 홈페이지에서 한다)

- 사무실을 임차해서 입주하는 회사가 많으므로 화장실 청소를 위탁하는 수요는 점점 늘어날 전망이다. 따라서 차별화가 필요하다.

⑥ 보디가드 겸 수행업.(홍보는 홈페이지에서 한다)

- 어느 시대든 부자는 있다. 예를 들면 사모님이 외출할 때 경호하는 일을 한다. 격투기나 유도 유단자에게 유리한 업종이다.

⑦ 학생 생활 보호·관찰 보고업.(홍보는 홈페이지에서 한다)

- 지방에서 혼자 올라와 도쿄나 오사카 같은 대도시에서 생활하는 학생이 많다. 이런 학생을 걱정하는 부모에게 학생의 생활을 관찰해서 정기적으로 보고한다. 부보로부터 떠나 사생활이 흐트러지

는 학생이 많기 때문이다.

⑧ 집단 따돌림을 당하지 않는 비결 지도업.(홍보는 홈페이지에서 한다)

• 최근 아이가 집단 따돌림을 당하지 않을까, 걱정하는 부모가 적지 않다. 그러므로 부모와 아이가 집단 따돌림을 당하지 않는 비결을 각 가정을 방문해서 지도한다. 아동심리학을 배운 사람에게 적당하다.

⑨ 주택건설을 준비하는 사람에게 도움을 주는 교섭기술 전수업.(홍보는 홈페이지에서 한다)

• 좀더 싸고 좋은 서비스를 제공하는 개인적인 컨설팅 사업이다. 건설회사의 유능한 영업사원 출신에게 알맞다.

⑩ 삼륜자전거 운송업(허가가 필요하다)

• 택시로 가기에는 너무 짧은 단거리를 운행한다. 급한 승객보다는 걷기 힘들어하는 중년 이상을 대상으로 한다. 택시보다 손님이 많을지도 모른다. 관광지가 아닌 곳에서도 영업할 수 있다.

'대형 비즈니스'만 추구하지 마라

내가 소개한 돈벌이가 되는 일이 꼭 성공하라는 법은 없다. 원래 비즈니스란 성공할 수도 있고 실패할 수도 있다. 따라서 평소 진지하게 연구해서 위험에 빠지지 않는 위기관리 능력을 키워야 한다.

위에 소개한 삼륜자전거는 싱가포르와 말레이시아에서 타 본 적이 있다. 사실 짐이 많아 무겁기도 했고 재미 삼아 타 봤는데 느낌이 상당히 좋았다. 경찰의 반응이 어떨지 모르겠지만 요즘은 규제가 점점 완화되는 추세다. 쉽게 허가가 나지 않을지도 모르지만 아무튼 매력 있는 사업으로 시장조사를 해 볼 가치는 충분하다고 생각한다.

보디가드 겸 수행업은 부잣집 사모님의 의뢰로 뒷조사 따위를 맡게 될지도 모른다. 하지만 이런 어려움을 극복하면 의외로 재미있을 것 같다.

지금 말한 사업이 대규모 비즈니스로 성장하기는 어려울지도 모른다. 그런데 오히려 이런 부분이 강점으로 바뀔 수 있다. 대규모 비즈니스라면 사람들이 지금까지 가만히 놔뒀을 리 없다.

이런 사업은 대규모 비즈니스가 아니라 틈새를 노린 비즈니스이므로 아마도 경쟁자가 많지 않을 것이다. 이 점이 바로 강점이다.

당신도 한 번 상상의 날개를 펼쳐 보라. 돈벌이가 되는 일이 없는 것이 아니라 다만 발견하지 못할 뿐이다.

책 첫 부분에 이야기한 '버섯이 천 명의 다리 사이로 빠져 나간다' 를 다시 떠올려 보라.

'정년퇴직 후 정해진 시간에 나갈 곳을 만들라'

시간이 남아도는 생활은 서글프다

흔히 40대가 되면 정년퇴직하는 사람의 마음을 이해할 수 있다고 한다.

어느 회사에서 정년퇴직한 선배 부부 몇 쌍이 정년퇴직을 앞둔 부부 몇 쌍에게 체험담을 들려주는 자리가 마련됐다.

"남편은 어제 정년퇴직했는데 다음날 아침에 외출 준비를 하더라고요. '여보, 오랫동안 정말 수고 많았어요. 오늘부터는 하고 싶은 일을 하세요. 앞으로 간섭하지 않을게요' 라는 마음으로 남편의 행동을 지켜봤습니다. 하지만 행선지는 물어봐야 할 거 같았어요. 현관에서 구두를 신으려는 남편에게 어디 가냐고 했더니……."

부인의 말을 남편이 이어받았다.

"실은 회사에 가려고 했습니다. 수십 년 동안 회사에 다니던 습관이 무섭긴 무섭더군요. 어제 정년퇴직했다는 사실을 그만 깜박했습니다."

남편은 이런 말도 했다.

"발 디딜 틈 없는 전철에서 발을 밟히거나 이리저리 떠밀려도 자신을 기다려 주는 곳이 있다는 사실은 정말 멋진 거 같아요. 정년퇴직 후

뼈저리게 느꼈답니다. 요즘은 매일 아침 눈을 뜨면 '시간이 남아도는 구나' 라고 생각해요. 이런 생활은 곤란해요. 다행히 다음 달부터 저를 기다려 주는 곳을 찾았습니다."

아침에 눈을 떴을 때 '시간은 남아도는데 갈 곳이 없다' 라는 생각이 드는 것만큼 비참한 일은 없다.

기슈빈초탄 이야기

적어도 40대에는 '정년퇴직 후 몇 시에 집을 나선다!' 는 과제를 자신에게 부여해야 한다. 그리고 실제로 자신을 기다려 줄 곳을 찾아 나서기 시작해야 한다.

당연한 말이지만 이런 일은 하루아침에 가능하지 않다. 문제는 어떤 방식으로 하는가에 있다.

사람은 제각각 다르므로 무조건 어느 방법이 좋다고 하기는 어렵다. 여기서 중요한 점은 창의적인 노력과 발상의 기본이 되는 정보력이다.

'기슈빈초탄(紀州備長炭)' 이란 숯이 있다. '기슈빈초탄' 은 기슈(紀州)지방의 '빈초야초자에몬(備長屋長左衛門)' 이란 사람의 이름에서 따온 숯을 말한다. 빈초야초자에몬은 너도밤나무를 구워 숯을 만들었는데 불이 상당히 오래갔다. 그래서 그는 '숯의 왕자' 라는 명성을 얻었고 기슈빈초탄을 널리 보급했다.

도쿄 스미다 구(墨田區)에 연료가게를 하는 S씨가 있었다.

연탄이나 숯을 사용하지 않는 조리기구가 점점 늘어나자 화로와 풍로는 골동품 취급을 받았다. 그리고 숯은 완전히 시대에 뒤떨어진 상품이 되었다. 이 때문에 연료가게의 경영은 어려워졌고 S씨는 여러 가지 궁리를 했다. 그는 위기감에 휩싸였지만 한편으로 다시 번성할 수 있으리라는 꿈에 부풀어 있었다.

그러던 어느 날 S씨는 '뱀장어를 숯으로 구워 파는 가게'를 생각해냈다. 당시 뱀장어와 새 등은 모두 가스불로 구워서 팔았다.

'만약에 기슈빈초탄으로 구우면 거기서 2~5미크론의 원적외선이 방출될 것이다. 그러면 바깥쪽은 적당히 구워지고 안쪽은 완전히 익게 될 것이다.'

S씨는 생각했다.

'기슈빈초탄을 영업용으로 만들어서 각 가게에 납품하자. 그리고 이 제품을 이용하는 가게에는 〈기슈빈초탄 사용점〉이란 간판을 제공하고 그걸 문 앞에 걸어놓으라고 하자.'

그의 발상을 계기로 이런 종류의 간판이 유행했는데 이 같은 지혜를 최초로 짜낸 사람이 바로 S씨다. S씨의 생각은 적중했고 연료가게는 경영위기에서 벗어나 크게 성공할 수 있었다.

애완동물 자유교류 시장

위의 이야기를 그저 연료가게의 성공담이라고 치부할 수도 있다. 하지만 자신에게 적용해서 생각해보면 어떨까?

비즈니스의 성공 조건은 고객(시장)이 원하는 것을 제공하는 데 있다. 혹시 떠오르는 생각이 없는가?

예를 들어 애완동물 사업을 한다고 하자. 애완동물을 파는 사람과 애완동물을 사는 사람이 만나는 자리를 기획해 본다. 서구 여러 나라들과 비교해 볼 때 애완동물 관련업은 성장 가능성이 높다고 말하는 업계 관계자가 많다.

애완동물업계에는 무수히 많은 새로운 판매 전략이 존재한다. 이를테면 애완동물을 파는 사람에게 판매 장소를 제공한 후 애완동물을 사는 사람이 자유롭게 선택할 수 있도록 한다. 애완동물을 판매하고 싶어 하는 사람과 구입하고 싶어 하는 사람을 한 자리에 부른다.

이때 교실이나 강연회장과 같이 폐쇄적인 공간보다는 오히려 야외가 좋다. 애완동물의 배설물을 완벽하게 처리한다면 빌릴 수 있는 곳은 많다.

'그럼 한번 추진해 볼까?'

여러분 중에 이렇게 적극적으로 나서는 사람이 있을지도 모른다.

나는 이런 비즈니스를 '애완동물 자유교류 시장' 이라고 부른다.

'하지만 엄청난 광고비가 들지도 모른다' 라고 생각하는 사람도 있을 것이다.

그렇다면 인터넷 활용 방안을 생각해 보라.

실은 나는 예전에 말티즈라는 강아지를 수십 마리나 키웠다. 애완동물을 분양할 생각은 아니었는데 어쩌다 보니 귀여운 강아지가 많아졌다.

그런데 먼 곳에서 애견업자가 방문해 그 강아지를 모두 사갔다. 당시 내 월급이 8만 엔(약 80만 원) 정도였는데 말티즈 한 마리당 3~4만 엔(약 3~40만 원)에 팔았다.

현재 애견업자 대부분은 인터넷에서 정보를 수집, 교환하고 있다. 그리고 인터넷 광고는 일반 광고보다 훨씬 비용이 저렴하다는 이점이 있다.

게다가 이런 비즈니스에는 정년이 없다. 당신도 한번 도전해 보고 싶지 않은가?

32 한때의 흥분을 감동이라고 착각하지 마라

쉽게 '감동'이라는 말을 입에 올리지 마라

내가 해외연수선(海外研修船) 강사로 있을 때의 일이다.

도쿄 하루미(晴海) 부두에 도착하기 전날이었다. 나는 고급술을 들고 마지막 모임에 참석했다. 그 날은 2주일 동안 계속된 연수를 마무리 짓는 밤이라 모두 즐거워했다.

"이번에 정말 신세 많이 졌습니다. 선생님 강의에 감동받았어요."

"회사 연수와 비슷한 형식이었지만 이번 연수는 정말 감동이었어요……."

"가슴 설레는 연수였어요……."

나는 모두 착각하고 있다고 생각했다. 그래서 배에서 내리기 직전에 마지막 인사를 했다.

"어젯밤에 많은 분들이 감동받았다고 말씀하셨습니다. 강사로서 기쁘게 생각합니다만 꼭 드리고 싶은 말이 있습니다. 여러분, 일시적인 흥분을 감동과 혼동하지 마십시오. 진정한 감동이었다면 6개월 후에도 1년 후에도 그 기분이 다시 되살아날 것입니다. 그때 가서 제게 고마움을 표시하십시오."

하지만 그때뿐이었다. 거기 참석했던 사람 가운데 나중에 내게 고마움을 전한 사람은 한 명도 없었다. 그것은 한때의 흥분이었지 감동이 아니었다.

그러던 어느 날 하네다(羽田) 공항에서 한 전력회사 간부와 마주쳤다. 해외연수선에 탑승했던 사람인데 그와 잠깐 동안 이야기를 나누었다. 그때 그가 말했다.

"가장 기억에 남았던 건 흥분을 감동으로 착각하지 말라는 이야기였습니다. 가만히 생각해 보면 그때 느꼈던 감정은 흥분 쪽에 가까웠던 거 같아요……."

눈물을 흘리는 흥분은 과연 도움이 될까?

요즘 여러 회사 직원이 함께 참여하는 '○○ 훈련'이라는 합숙 상품이 유행이다.

그런데 한번은 이해하기 힘든 광경을 본 적이 있다. 내가 해외연수선에서 경험했듯이 마지막 밤에 눈물을 흘리는 사람을 보았던 것이다. 감동해서 흘리는 눈물이 아니라 단순한 흥분해서 그런 것 같았다.

감동은 자신의 사고방식과 행동에 이입되어 훗날 도움이 될 수 있다. 하지만 흥분은 일시적이며 마약과 같이 도취되는 것일 뿐이다.

당신은 값싼 흥분에 현혹되지 않기를 바란다.

다음은 오사카의 어느 은행 간부로부터 들은 이야기다.

"어제 초청을 받아 ○○ 선생의 강의를 들었습니다. 상당히 감동받았어요. 지구에는 자기장이 있어서 나쁜 자기장 근처에 살거나 그 물을 마시면 문제가 생긴다고 해요. 선생님은 수돗물 드세요? 아무튼 나쁜 물을 마시면 암에 걸린다고 합니다……."

그 간부는 암으로 이미 세상을 떠났다. 물건을 판매하기 위한 감언이설에 현혹되어 감동으로 착각한다면 세상을 보는 눈이 너무 좁은 것이 아닌가.

흥분은 빨리 식히고 감동을 실현시키는 데 시간을 사용하라

내가 크게 감동한 경험을 소개하겠다.

1970년 봄에 가마쿠라(鎌倉) 엔가쿠지(円覺寺)에서 좌선(坐禪)을 했을 때 일이다. 당시 엔가쿠지 주지스님은 아사히 나소겐(朝比奈宗源)이라는 분이었다.

다음은 아사히 스님이 가르쳐 준 노래다.

"산새가 지저귀는 소리를 들으면 아버지가 그립고 어머니가 그립다."

나이가 드니 돌아가신 부모님이 너무나 그립다. 자식에 대한 부모의 사랑은 영원하다. 그리고 부모를 향한 자식의 사랑도 영원하다. 나는 그 노래를 들으며 상당히 공감했다.

자화자찬이 되겠지만 내가 부모님에게 효도하는 마음이 있었기에 이 노래에 감동을 받았으며 30년이 지난 지금도 잊을 수 없는 것 같다. 이렇듯 감동이란 30년이 지나도 잊혀지지 않는다.

내가 근무했던 컨설턴트 회사 사장이 했던 말이다.

"나는 일본의 이곳저곳을 돌아다니는데 가는 곳마다 두 번 다시 오지 못할 장소라고 여기고 확실히 뇌리에 새겨 넣는다."

나는 이 이야기에도 감동을 받았다.

이런 감동은 내 행동 속에 완전히 녹아 있다.

흥분은 최대한 빨리 식혀야 하며 감동은 자신의 것으로 만들기 위해 노력해야 한다.

제6장

제6장

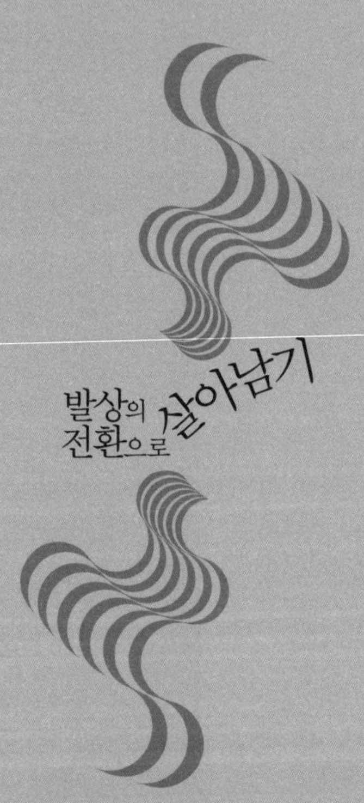

33 다른 의견에 귀를 기울일 수 있는 사람이 거물이다

'이견회'에서 무엇을 배우는가?

사람은 대부분 자신과 같은 사고방식이나 비슷한 의견을 지닌 사람의 말에 귀를 기울인다. 자신과 공감할 수 있는 감각의 소유자라고 생각하기 때문이다.

성공한 기업가와 실패한 기업가(이쪽이 압도적으로 많지만)를 일정한 기준으로 살펴보면 흥미로운 점이 발견된다.

최고경영자에게 '다른 의견'을 말하지 않는 사람만으로 경영진이 구성된 조직은 대개 붕괴한다.

최고경영자의 발언에 "저는 생각이 조금 다릅니다……"라며 다른 의견을 제시하는 사람이 존재해야 조직은 발전할 수 있다.

이야기는 일본의 전국시대(戰國時代 : 1467~1573)로 거슬러 올라간다. 큐슈 하카다(博多)의 구로다(黑田) 번(藩 : 영주가 다스리는 땅-역주)은 오랫동안 번성한 곳이다.

구로다 번의 기초를 다진 구로다 나가마사(黑田長政)는 '이견회(異見會)'라는 모임을 만들었다. 지금 식으로 말하면 한 달에 한 번 정기적으로 간부회의를 개최했던 것이다. 하지만 평범한 사람도 번(藩)을 위해 말하고 싶은 점이 있으면 허가를 얻어 참가할 수 있도록 민주적인 경영을 꾀했다.

'이견회'에는 몇 가지 지켜야 할 규칙이 있다.

첫째, 어떤 의견이 나오든 화를 내지 않는다.

둘째, 회의 내용을 외부에 누설하지 않는다.

셋째, 서로의 의견에 원한을 품지 않는다.

영주는 자신에 대한 충고나 비판도 받아들인다.

'이견회'를 통해 영주는 생각하지 못했던 부분을 깨닫고 윗사람의 안색을 살핀 아첨이 아닌 솔직한 의견을 받아들이게 되는 것이다.

반대 의견에 귀를 기울인 거물

콘크리트는 성질이 다른 소재를 혼합하면 훨씬 더 견고해진다. 시멘트, 자갈, 작은 돌, 물 등이 적당히 혼합되어야 하며 시멘트와 물만 섞어서는 단단해지지 않는다.

앞서 이야기했지만 사람은 육면체나 팔면체보다 훨씬 복잡한 다면체다. 내 자신을 봐도 알 수 있는데 나는 둥글둥글한 면도 있지만 신경질적인 면도 있다. 또 밝은 점도 있지만 어두운 점도 있다.

그리고 꼼꼼한 부분도 있지만 칠칠치 못한 부분도 있다. 이처럼 여러 가지 색이 복잡하게 섞여서 존재하는 것이 사람이다. 사람은 전부 다른

색을 지니고 있다.

위에서 소개한 구로다 번의 '이견회'를 교훈으로 삼으면 현명한 사람이 될 수 있다.

1989년에 사망한 마쓰시타 고노스케(松下幸之助) 씨는 마쓰시타 전기산업의 창업자다. 다음은 그가 했던 이야기다.

마쓰시타 씨는 승적(僧籍)을 둔 가토 다이칸(加藤大觀)이란 분을 스승으로 모셨다. 그리고 1937년에는 그를 초청해서 집에서 함께 생활하기도 했다.

어느 날 마쓰시타 씨는 그에게 경영의 어려움을 털어놓았다. 사실 하소연은 했지만 마음속에 어느 정도 계획은 세워 두고 있었다. 동쪽으로 향할지 서쪽으로 향할지 그 방안은 마련해 두었지만 다시 확인하는 뜻에서 스승의 의견을 듣고 싶었던 것이다.

"가토 선생의 대답은 내 복안과 반대였습니다. 하지만 제게 큰 도움이 됐어요. 반대 의견이라도 그 내용을 분석하면 자신의 생각에 활용할 수 있어요. 반대 의견이라고 귀를 막아서는 안 됩니다……."

반대 의견 덕분에 사람의 기량은 향상된다

상대가 자신과 반대되는 의견이나 마음에 들지 않는 의견을 말할 때 귀를 막는 사람이 있다. 이는 다면체인 사람에 대해 연구할 수 있는 기회를 스스로 저버리는 셈이다.

예전에 나와 함께 일했던 동료가 독립해서 회사를 경영했다. 그는 스스로 우수하다고 여기는 등 자신감이 대단했다. 그래서인지 경영에 참여한 동료의 의견은 전혀 듣지 않고 오로지 자신의 의견만 주장했으며 반대 의견은 모두 봉쇄했다. 화려하게 독립했으나 경영은 점차 어려워졌고 어느 날 모든 것이 흔적도 없이 사라져 버렸다.

그는 정보에 어둡고 편향적인 사람으로 정보 감각을 살리기 위해 다양한 의견을 수용하지 못했던 것이다. 하지만 일단 다양한 의견을 모두 들은 뒤 자기 안에 있는 필터로 걸러 내면 된다.

당신은 반대 의견에 귀를 기울이는가?

34 승자의 조건은 돈이나 지위가 아니라 살아가는 자세다

인생의 승자는 누구인가?

도대체 인생의 승자는 어떤 사람인가?

오래 사는 사람인가, 풍족하게 살아가는 사람인가, 인맥이 풍부한 사람인가, 지위가 높은 사람인가, 안정된 삶을 영위하는 사람인가, 원만한 가정생활을 유지하는 사람인가?

인생의 승자를 가리는 일은 상당히 어렵다. '장님 코끼리 말하듯'이란 속담이 있다.

시각장애자들이 처음으로 코끼리를 만진 후 각자 느낌을 이야기했다.

배를 더듬은 사람은 "흙으로 만든 벽 같은데요"라고 말했다.

넓적다리를 만진 사람은 "전에 만져봤던 소나무 같은 느낌이에요"라고 대답했다.

꼬리를 더듬은 사람은 "커다란 빗자루 같습니다"라고 답했다.

각각의 느낌이 잘못된 것은 아니다. 그러나 이 대답은 전체에서 일부에 해당되며 그들은 코끼리의 전체 윤곽은 알지 못한다. 승자에 대한 해석도 마찬가지다. 나 역시 모든 사람을 설득할 수 있는 승자의 기준은 모른다. 다만 나, 후타미 미치오 방식으로 승자의 조건을 말하겠다.

"승자는 눈을 감기 전에 '나는 적극적으로 인생을 살았다. 시키는 일뿐만 아니라 할 수 있는 일은 모두 다했다. 그러므로 과거를 후회하거나 아쉬워하지 않는다' 라고 생각할 수 있어야 한다. 그래야 승자의 인생이었다고 말할 수 있다."

비극적인 부자 아버지와 아들

돈이 좀더 많았으면 좋겠다. 좋은 자동차를 타고 좋은 집에 살았으면 한다.

훌륭한 사람이 되고 싶다. 남이 내 의견을 잘 들어줬으면 좋겠다.

당신도 가끔 이런 생각을 하는가? 이것도 승자의 조건인지 모른다. 그런데 정말 그럴까?

이름만 대면 누구나 다 아는 유명한 아파트 건설업체가 있었다.

이 회사의 창업자는 원래 토지 거래를 하던 부동산업자인데 1965년에서 1975년까지 후쿠시마(福島) 현 반다이(磐梯)산 근처에서 구입한 땅으로 큰돈을 벌었다.

또 그 자금을 투자해 토지 매매 사업에서 아파트 건설업으로 업종을 전환했는데 그의 생각은 적중했다.

학생인 외아들은 벤츠를 끌고 다녔고 BMW도 갖고 있었다. 가만히 있어도 사장 자리는 아들에게 돌아갈 것이 분명했다. 그러던 어느 날 아들이 벤츠를 몰고 아오야마(靑山) 도로를 달리는데 바로 뒤에 어떤 벤츠가 따라 붙었다. 벤츠는 라이트를 깜박깜박 비추며 앞차의 운전을 방해하는 악질 장난을 계속했다.

아들은 정의감이 발동해서 한쪽에 차를 세웠고 상대도 그에 호응하듯 멈췄다. 그는 "이제 그만 하라"며 강력하게 항의했다. 하지만 상대는 폭력단 일원으로 세상의 상식이 통하지 않는 사람이었다.

폭력단원은 아들을 마구 때렸고 운이 없게도 달리는 트럭에 머리가 치였다. 결국 아들은 비참하게 짧은 생을 마감했다.

그런데 얼마 후 아버지의 건설업체도 파산해 회사는 다른 사람에게 넘어갔다. 또 창업 사장인 아버지는 회사에서 쫓겨났으며 지금은 어디서 무엇을 하는지 소식조차 알 수 없다.

의외로 이런 일이 많은데 부자 아버지와 아들의 인생을 승자의 인생이라 생각하지는 않을 것이다.

청춘이란 무엇인가?

반면 활기차게 인생을 보낸 후 편안하게 생을 마감하는 사람도 많다.

오랜 세월 사람들에게 사랑받는 시가 있다. 사무엘 울만(Samuel Ulman)의 '청춘' 이라는 시다.

"청춘이란 인생의 한 시기가 아니라 마음가짐을 말한다."

이런 문구로 시작되며 청춘의 진리에 대해 이야기하고 있다.

그런데 이 시를 '청춘예찬' 으로 바꿔 스스로 격려한 사람이 있다. 나도 '청춘예찬' 이 인쇄된 유인물을 받았는데 여기에 그 내용을 소개한다.

"청춘이란 나이의 젊음을 의미하지 않는다. 청춘은 정신의 발랄함이다.

청춘이란 통통한 볼, 붉은 입술, 부드러운 몸이 아니다. 청춘은 마음의 힘과 창조력, 감격이다. 나이를 먹는다고 누구나 다 늙는 것은 아니다. 꿈을 잃거나 자신감을 잃은 사람만 늙는다.

나이를 먹으면 피부에 주름이 생기지만 정열이 사라지면 그 사람의 영혼에 주름이 생긴다.

항상 희망을 갖고 용기 있게 살아가며 미래의 꿈에 도전하는 사람과 생명의 환희를 신에게 감사하는 사람은 나이가 50세가 되든 70세가 되든 청년이다. 봄과 같은 신선함이야말로 청춘의 참모습이다."

청춘예찬을 지은 사람은 내가 35세 무렵에 만났던 도쿄 니혼바시(日本橋) 니시카와산업(西川産業)의 대표이사 도요오 사이지로(豊生才次郎)씨로 당시 80세였다.

80세 청년에게 삶의 방식을 배우다

나는 좋은 글을 읽으면 반사적으로 내가 실천할 수 있는 일이 무엇인지 생각한다. 또한 내 자신의 성격과 습관을 되돌아본다.

내가 요코하마에서 살았을 때 시부야(澁谷)에서 요코하마까지 운행되는 전철을 탄 적이 있다. 기껏해야 15분 정도를 서 있었는데 다리가 너무 아팠다. 그러다 문득 이런 생각이 들었다.

'집에서 회사까지 자동차로 출근하기 때문에 운동부족이 된 거야. 그래, 그래서 다리에 힘이 빠진 거야. 회사 주차장에서 사무실 책상까지는 수십 발자국밖에 안 되잖아. 그게 원인이었어!'

그 후 계단을 자주 이용했는데 순전히 도요오 씨 덕분에 생긴 습관이다. 나는 계단 외에도 자전거를 타고 언덕에 오른다. 그리고 60세부터는 후지산을 등반하기 시작했는데 등산 1개월 전에는 아파트 1층에서 11층까지 적어도 하루에 한 번은 계단을 이용했다. 그리고 목검을 휘두를 때는 팔뿐만 아니라 다리도 이용했다.

한번은 자위대 대원을 교육할 때 "왜 선생님은 항상 계단을 두 칸씩 올라가세요?"라는 말을 들은 적이 있다. 그때서야 나는 내 행동이 습관화되어 있음을 깨달았다.

사람의 노화현상은 치아나 눈보다 다리에서 먼저 나타난다. 나는 걷는 습관이 아주 좋다고 생각한다.

당신의 '기'는 충만한가?

'기(氣)의 위력'은 분명히 존재하며 여러 가지 증거가 있다.

사람은 좋아하는 일을 하면 피곤을 느끼지 못한다. 낚시를 좋아하는 사람은 밤새워 낚시를 해도 즐겁기만 하다. 또 비 오는 날에는 출근하기가 싫지만 좋아하는 골프는 비옷을 입고라도 한다.

이는 낚시나 골프에 자신의 '기'를 불어넣기 때문에 가능한 일이다.

나는 한 번도 유도를 해 본 적이 없는데 검도는 자주 한다.

검도를 할 때는 상대의 기가 빠져나가는 순간을 노려야 한다. 요컨대 상대가 빈틈을 보이는 순간에 공격해야 한다. 사격도 마찬가지다. 숨을 충분히 들이마신 후 호흡을 멈추고 기가 충만해지면 잘 조준해서 방아쇠를 당긴다. 이때 숨을 내뱉은 상태에서 방아쇠를 당기면 표적에서 벗어난다. 인생은 '기'와 더불어 진행된다. 따라서 기가 빠진 사람은 빨리 늙는다.

기가 빠지는 현상은 구체적으로 이렇다.

'내가 벌써 65세라니, 늙기 싫어.'

'너무 피곤하다. 역시 잠잘 때가 제일 편해……'

'여행? 같이 갈 사람도 없고, 갈 사람이 있어도 서로 마음이 맞을까?'

'전에 알던 사람으로 충분해. 새로운 인맥은 필요 없어……'

'취미요? 전 특별한 취미가 없어요.'

'벌써 정년퇴직을 앞두고 있다니, 정년이라고 내가?'

부정적인 사고방식은 대개 기가 빠진 상태에서 나타난다. 그리고 사고방식이 노화된 사람은 육체적으로 빨리 늙는다.

아침 일찍 일어나면, 아니 그 전날 '내일은 몇 시에 일어나서 어떤 일을 하고 어디에 가겠다' 라고 목표를 세우는 한 젊음은 영원히 계속된다.

아르바이트를 하는 청년에게는 정년퇴직이 없다. 그런 사람은 눈을 뜨면 시간이 남아돌고 특별히 할 일이 없어서 괴롭다. 청년의 실제 나이는 어리지만 '기가 충만' 하지 못하기 때문에 정신연령은 나보다 늙었을지 모른다. 사람은 대부분 100세 전에 세상을 떠난다. 나는 앞서 소개한 도요오 사이지로 씨를 떠올리며 내 자신의 '기' 를 다시 점검해 본다.

당신의 '기' 는 과연 청년인가, 중년인가, 노년인가?

_발상의 전환으로 살아남기

10년 연상과 10년 연하의 인맥이 사람을 지혜롭게 만든다

노년 · 중년 · 청년이라는 인맥

다양한 인맥에 대해 이해하기 쉬운 예를 소개하겠다.

안도 다다오(安藤忠雄) 씨는 유명한 건축가인데 전직 프로 권투선수라는 독특한 이력이 있다. 그는 독학으로 건축가가 되었으며 그의 개성 넘치는 작품(설계)이 전국 곳곳에 많이 있다. 그는 도쿄대학을 비롯해 여러 대학에서 학생을 가르쳤는데 그가 특별히 가깝게 지내는 인맥에 대해 이야기했다.

"나는 10년 연상의 인맥과 10년 연하의 인맥을 중요하게 생각한다."

안도 씨의 발상은 여성 생리용품을 생산하는 유니참의 최고경영자 다카하라 게이치로(高原慶一朗) 씨와 같다고 생각한다.

"경영진은 나이별로 골고루 구성해야 합니다."

이런 다카하라 씨의 사고방식에는 '발상의 치우침'을 없애겠다는 의도가 숨어 있다.

현대는 다양한 가치관이 복잡하게 얽혀 있는 사회다.

나이 많은 사람의 의견에도, 중년의 의견에도, 젊은이의 의견에도 일

리가 있다. 자신과 나이가 비슷한 인맥만 있으면 다른 세대를 이해하지 못하거나 오해를 품은 채 사물을 대할 위험이 있다.

요컨대 10년 연상과 10년 연하의 인맥은 자신과 다른 세대의 사고방식을 정확하게 파악하기 위해 만든다. 따라서 그 목적에 맞게 인맥을 키워야 한다.

왜 젊은이는 상사에게 상담하지 않는가?

당신은 10년 연상과 10년 연하의 인맥이 있는가?

나도 나이든 상사나 젊은 부하가 있다고 말하는 사람이 있을지 모른다. 그러나 여기서 말하는 인맥은 일과 관련된 상하관계의 인맥이 아니다.

인맥의 가치는 자신의 생각을 들려준다는 부분에 있다. 따라서 일로 맺어진 인맥은 그 가치가 반감한다.

다음은 오랜 기간 리쿠르트에서 조사한 결과인데 신입사원이 직장에 익숙해졌을 때 실시했다.

'자신에 관한 일은 누구와 상담하는가?' 라는 질문에 대해 답변 문항에는 부모님, 선생님과 더불어 '상사' 가 있었지만 매년 상사에 표시하는 사람이 줄어들고 있다고 한다.

요컨대 '직장 상사는 사적인 일을 상담하는 상대가 아니다' 또는 '상담할 마음이 들지 않는다' 라고 생각하는 것이다.

현실적으로 나이 차이가 많은 인맥을 일 이외의 부분에서 구축하기란 생각처럼 쉽지 않다. 만남의 기회를 적극적으로 원한다고 폭넓은 인맥이 형성되지는 않기 때문이다.

'젊은이가 자주 가는 술집'에 가라

나는 전부터 "자, 술 마시러 가자"라고 말하는 대신 "젊은이가 자주 가는 술집에서 마시쟈"라고 한다.

최근에 어떤 회사를 방문했을 때 일이다. 몇 사람이 초과근무를 하고 있었는데 이제 곧 끝날 것이라고 말했다.

"이봐, ○○ 군. 계산은 내가 할 테니까 자네가 자주 가는 술집에 데려가 주게."

그러자 젊은이들이 많이 가는 술집으로 나를 안내했다. 좌우를 둘러보니 온통 젊은 사람뿐이었다.

나는 그곳에서 젊은이들의 이야기를 실컷 들었다.

"과장 말이야. 보고서를 제출하라는 말만 하고 한 번도 제대로 살펴보지 않더라. 그저 도장만 찍을 뿐이야."

"얼마 전에 스즈키(鈴木)가 보고서를 내일 아침에 돌려달라고 했더니 과장이 이상한 얼굴을 하더라. 그렇지 뭐."

또 이런 이야기도 귀에 들렸다.

"마지막 전철이 끊겨서 택시를 타고 집에 갔는데 회사에서 택시비를 지급하지 않는대. 얼마 전에는 너무 화가 나서 아무 자전거나 타고 집에 갔어."

"한 번 타고 버렸겠구나. 너 같은 녀석이 있다니, 자전거가 불쌍하다."

자물쇠가 채워지지 않은 자전거를 훔쳐 타고 집에 돌아갔다는 이야기였다. '아니, 자전거를 도둑질했다는 말이잖아.'

그들의 이야기 속에 '저당' 이란 단어도 있었다.

나는 가만히 귀를 기울였다.

"우리 회사 빌딩은 빚 때문에 저당 잡히게 됐어."

시대를 반영하듯 밝은 이야기만 있지는 않았다.

거품경제 시절에도 술집에서 회사나 상사를 비난하는 화제가 많았지만 그런 대로 활기가 있었다. 하지만 지금은 경제를 반영하듯 어두운 이야기가 너무 많다.

나이 많은 사람이 자주 가는 술집에 가라

나보다 30세 정도 젊은 사람, 그러니까 3, 40대 사람이 나이 많은 사람의 진심을 알고 싶다면 도쿄 신바시(新橋) 근처에 가보라. 그곳에 가면 중년과 노년의 이야기를 실컷 들을 수 있다.

왜 신바시가 나이 많은 사람이 자주 가는 곳이냐고 묻는다면 별로 할 말이 없다. 그런데 실제로 신바시에서 젊은이를 발견하기는 하늘의 별

따기다.

앞서 잠깐 소개했던 안도 씨가 말했다.

"나는 나보다 10세 이상 나이가 적은 건축주 건물은 직접 설계하지 않고 제자에게 맡긴다."

10세 이상 나이 차이가 나면 설계에 대한 사고방식이 크게 다르기 때문이다. 안도 씨는 세대 차이(generation gap)를 고려해서 설계를 맡긴다.

다카하라 씨의 '노년 · 중년 · 청년' 이라는 사고방식은 안도 씨의 사고방식과 통한다. 다카하라 씨가 경영하는 유니참에서는 아기용 기저귀도 있고 노인용 기저귀도 발매한다. 그의 사고방식이 어느 정도 이해가 되지 않는가?

폭넓은 사고방식이 인생을 바르게 항해하도록 만든다.

36 '크게 성공한다!' 는 말만 믿고 비즈니스에 뛰어들지 마라

평판만 믿고 성공하리라고 착각하지 마라

앞으로는 구조조정에 따른 고용 불안, 경영 부진으로 독립을 결심하는 사람이 점점 더 늘어날 전망이다. 그런데 독립을 목표로 삼은 사람은 여러 가지 주의할 점이 있다.

한번은 어떤 사람이 새로운 비즈니스를 시작하고 싶다며 내게 상담하러 왔다.

"미래는 가정용 태양열 발전 시스템의 시대입니다. 좋은 제품이 있어서 그걸 판매하고 싶은데요……."

상담하러 온 사람에게 내가 "아무래도 잘 되지 않을 것 같은데요. 그만 두는 편이 좋겠어요"라고 조언하면 대부분 기분 나쁘게 생각한다.

상담이라고는 하지만 '분명히 잘 될 거야'라는 확신을 갖고 찾아오기 때문에 내 조언이 못마땅한 모양이다. 가정용 태양열 발전 시스템을 상담하러 온 사람도 그랬다.

나는 대강 이런 식으로 조언했다.

첫째, 태양열 기기 제조업체는 건설업체나 공구점 등과 이미 계약을 맺었을 것이다. 이 사업에 뛰어들면 이런 곳들과 경쟁해야 한다.

둘째, 일반인과 전문가의 경쟁이므로 승산이 없다.

셋째, 지금 단계에서는 기기 설비가 가져오는 효과가 확실하지 않다. 몇몇 대중매체에서 보도한 것처럼 성공한다는 보증이 없다.

내게 상담하러 온 사람은 제조업체의 상황이나 주택설비 기기의 판매 방식에 관해 아무런 지식도 없었던 것 같다. 그는 "그래도 한번 해보겠습니다"라고 말했다. 그러나 가게는 개점휴업 상태가 지속됐고 그와는 반년 만에 소식이 끊어졌다.

공개된 정보는 강점이 없다

"이 업계는 앞으로 성장한다! 점점 시장 규모가 커질 것이다!"

잡지에서 이런 기사를 읽고 '앞으로 성장한다고? 그럼 나도 해야지' 라며 무작정 사업을 시작하면 실패할 확률이 높다. 많은 사람이 한꺼번에 뛰어들어 경쟁이 과열되기 때문이다.

이는 10인분의 음식을 20명이 달려들어 먹는 것과 마찬가지다.

성장하는 업계에는 숙명적으로 경쟁이 존재한다. 반면 쇠퇴하는 업계에는 경쟁이 없다.

실패하는 사람은 기업가 희망자를 대상으로 하는 월간지 등을 읽고 '앞으로 히트할 상품은 이거야' 또는 '이런 판매방식이 고객을 끌어들이겠구나' 라며 뛰어든다. 하지만 이런 생각은 참으로 무모하고 위험하다.

비즈니스를 하려면 경쟁자와 싸워야 한다. 그러므로 상대와 다른 점을 내세우는 '차별화 전략' 이 꼭 필요하며 이것이 성공과 실패를 좌우한다.

자기 말고도 그 잡지를 구독하는 독자가 많이 있다는 객관적인 인식이 부족한 사람은 경쟁자가 먼저 뛰어들었을지도 모른다는 점을 간과하고 '좋아, 나도 이걸 해야겠어' 라고 생각한다.

하지만 공개된 정보는 개성도 차별성도 우위성도 아무것도 없다는 것을 알아야 한다. 천 명에 한 사람, 아니 만 명에 한 사람도 알지 못할 때 돈벌이가 된다. 커다랗게 기사가 난 정보가 도대체 무슨 돈벌이가 되겠는가?

틈새시장을 발견할 수 있는 감성을 키워라

도쿄 시나가와(品川) 역 근처에는 석탄 판매점이 몇 곳 있다.

아주 잘 되는 편은 아니지만 그렇다고 망한 가게도 없다. 새삼스럽게 석탄 사업을 시작하는 사람이 없기 때문이다. 석탄은 사양 산업이기는 하지만 최소한의 수요가 있어 안정적이며 게다가 경쟁자도 적다.

반면 성장 산업만큼 경쟁이 치열한 사업은 없다. 이런 점을 알면서도 성장산업에 뛰어들고 싶은 사람은 먼저 철저하게 공부해야 한다. 그렇지 않으면 크게 타격을 받을지도 모른다.

직장생활에서 벗어나 회사를 차릴 생각이 있는 사람은 단순히 잡지에 소개된 화려한 성공담이나 '당신에게도 성공의 여신이 미소 짓는다', '당신도 한해에 3,000만 엔(약 3억 원)을 벌어들이는 사장이 될 수 있다!' 라는 자극적인 문구에 현혹돼서는 안 된다.

10년 전이나 지금이나 직장생활을 그만 두고 회사를 차리는 사람의 대부분이 실패한다. 그래서 성공한 몇몇 사람이 각광을 받는 것이다. 하지만 성공한 사람 뒤에는 실패한 사람의 수없이 많은 잔해가 쌓여 있다는 것을 알아야 한다.

내가 알고 있는 어떤 사람은 백화점을 그만 두고 보석 수입 판매업을 전전하다 3년 만에 엄청난 빚을 졌다. 그는 보석감정사인데 어느 날 내가 보석감정사와 보석감별사의 차이점을 물었더니 대답하지 못했다. 이런 사람은 전문가로서 부족한 부분이 있다.

모 백화점은 고급 호텔 경영에 새롭게 뛰어들었다. 그 일환으로 고객 한 사람 한 사람에게 친절하게 감사 편지를 발송했는데 나는 이 발상이 잘못되었다고 생각한다. 원래 호텔업은 감사 편지를 보내서는 안 된다. 이 말의 숨은 의미를 이해하겠는가? 예를 들어 비밀 여행을 갔다고 하자. 감사 편지 때문에 어떤 사태가 벌어질지 상상이 가지 않는가?

다시 한 번 강조한다.

'크게 성공한다' 는 평판의 비즈니스를 쉽게 생각하면 안 된다. 오히려 아무도 눈치 채지 못하는 틈새시장을 발견할 수 있는 감성을 키워야 한다.

37 '하나도 안 변했네' 라는 말에 기뻐해서는 안 된다

인생 40년의 향기

사람의 일생을 돌아보면 일정한 삶의 주기가 있음을 알 수 있다.

인생을 항공기 운행에 비유하면 10대는 비행

을 준비하는 시기, 20대는 비행기가 이륙하는 시기, 30대는 비행기가 상승하는 시기라고 할 수 있다. 비행기가 이륙하는 시기와 상승하는 시기에는 강력한 바람과 마주하게 된다. 이 시기에는 여러 가지 스트레스와 장애물을 만나는데 그 역풍을 상승력으로 전환해서 고도를 높여간다.

사람은 이런 과정을 거쳐 40대에 순항한다. 한겨울을 넘긴 나무에 나이테가 하나 더 생기듯 사람도 연륜이 쌓여간다.

어떤 사람의 몸 전체에서 풍기는 분위기는 그 사람이 이제까지 살아온 방식과 같다. 혹독한 역풍을 막아 준 '조직'이라는 방파제 안에 안주한 사람에게는 인생의 절실함을 느끼기 어렵다. 또한 연륜도 발견할 수 없다. 반대로 강인함과 고난을 극복하는 힘을 익힌 사람에게는 인생의 쓴맛과 단맛을 모두 체험했기에 나타나는 폭넓은 가치관과 강한 의지, 창조력의 분위기가 감돈다.

어느 사진가는 인물 사진만 찍는데 그의 모델은 전부 나이가 들어 노련하고 삶을 초월한 분위기가 나는 사람이다. 그 사진가는 "한 사람의 인생은 주름 하나하나에 고스란히 배어 있다"라고 말한다.

내 얼굴에도 당신의 얼굴에도 사물을 대하는 마음, 사고방식 등 자신이 살아온 인생이 투영되어 있다. 인생을 40년 동안 체험한 사람은 다시 한 번 자신의 인생을 되돌아봐야 한다.

과연 당신 주위에 있는 사람들은 당신에게 어떤 느낌을 가질까?

당신은 어떻게 자신을 개선하는가?

남성은 40세를 넘기면 액운을 당하기 쉽다. 또 예상하지 못했던 시기와 장소에서 우연히 옛 친구와 마주칠 수 있다. 그리고 때로는 그 친구와 커피를 마시며 이야기하기도 한다.

그런데 헤어지기 전에 상대가 말한다.

"야, 너는 어쩜 그렇게 하나도 안 변했냐."

하지만 이 말을 듣고 순수하게 기뻐할 수는 없다. 오히려 반성하고 이 말을 가슴 깊이 새겨 둬야 한다. 단순히 예의상 하는 말인지도 모르지만 이런 속뜻이 담겨 있을 수도 있기 때문이다.

'너는 하나도 발전하지 않았어. 예전하고 똑같아.'

잠깐 지나치며 들은 말이면 몰라도 서로 이야기를 나눈 뒤에 들었다면 어느 정도 문제가 있다.

중학교와 고등학교를 함께 다닌 친구 ○○를 몇 십 년 만에 만났을 때의 일이다.

나는 그를 보는 순간 "전하고 완전히 달라졌어"라고 말했다.

그 친구는 전기통신대학에 진학했는데 중·고등학교 시절 반에서 수학과 과학을 가장 잘했으며 나와 상당히 친했다. 하지만 그 친구는 악필로 유명했다. 하늘은 여러 가지 재능을 모두 다 주지는 않는 것 같다.

오랜만에 만난 친구는 전하고 많이 달랐다. 숫자에 민감했던 그가 이제는 사람에게 관심을 가졌고, 상사와 부하의 관계를 비롯해서 인물론

까지 이야기했다.

나는 옛 친구가 아닌 다른 사람을 대하는 느낌을 받았다.

그런데 더욱 놀랐던 점은 그가 보낸 감사 편지에 쓰인 글씨 때문이었다. 내가 기억하는 글씨와 전혀 딴판이었으며 펜글씨 교본에 등장하는 글씨처럼 달필이었다.

그 친구와 몇 개월 후 다시 만났을 때 나는 작정하고 물었다.

"이봐, 실례되는 질문인 건 알지만……."

나는 그 친구에게 편지를 내밀며 물었다.

"이 글씨 정말 자네가 쓴 거야? 혹시 부인이 써줬나?"

그러자 그는 웃으며 대답했다.

"아, 그게 다 30습자(習字)라는 통신교육 덕분이지. 내 부하 가운데 글씨를 잘 쓰는 사람이 있는데……."

친구는 전기통신대학을 졸업하고 경찰청에 들어갔다.

그런데 그가 부하를 거느리게 되자 이런 글씨로는 아무래도 곤란하겠다는 생각을 했다고 한다. 부하 중에 글씨를 잘 쓰는 사람에게 물었더니 통신교육으로 글자연습을 했다고 알려줬다고 한다. 나는 친구의 말을 듣고 감탄했다.

그는 경찰청 간부, 경찰서장, 경찰본부 교통부장 등을 역임하는 사이 자신을 완전히 개조했다.

당신은 변신하고 있는가?

예를 들어 지금 컴퓨터를 구입한다고 하자. 1년 후 컴퓨터 매장에 가 보면 자신이 갖고 있는 컴퓨터는 완전히 구식임을 알게 된다. 이번에는 휴대전화를 바꾼다고 하자. 휴대전화도 1년만 지나면 구형이다. 이렇 듯 세상은 한시도 쉬지 않고 빠르게 변한다.

또한 국제적으로도 변화가 극심하다. 3년 만에 베이징을 방문한 내 친구는 3년 전에 갔던 곳에서 길을 잃었다. 그래서 그는 '10년이면 강 산도 변한다' 가 아니라 '3년이면 강산도 변한다' 는 사실을 느꼈다고 한다.

앞으로는 더욱 변화가 심해질 것이다. 나는 오랜만에 만난 친구에게 듣고 싶은 말이 있다.

"자네, 완전히 딴 사람이 됐군. 굉장해!"

당신은 어떤 점이 달라졌으면 하는가? 아마도 각자 생각이 다를 것 이다. 최근에 '자신을 바꾸고 싶지 않은가?' 라는 문구로 사람을 유혹 하는 곳이 나타났다. 실제로 엄청난 비용을 지불하고 이런 자기계발 연 수에 참여하는 사람이 있다. 하지만 반드리 외부의 힘에 의존해야만 자 기계발을 하는 사람은 곤란하다.

자기 변신을 꾀하기 위해서는 약점을 자각하고 '자기 향상 목표' 를 확인해야 한다. '자기 향상 목표' 란 이상적인 자신을 머릿속으로 그림으로써 다시 확인하는 작업이다. 현상 유지는 현재 상태에서 후퇴하는 것을 의미할 뿐이다. 시대 흐름에 어두운 사람이 되고 싶지 않으면 날마다 새롭게 변신해야 한다.

38 '수오칙' 은 효능이 뛰어난 정신강장제

장애물을 극복해서 백 배 더 활기찬 사람이 돼라

혹시 '수오칙(水五則)' 이라는 말을 들어 본 적이 있는가? 수오칙이란 물의 다섯 가지 원칙을 가리킨다.

첫째, 물은 스스로 활동하고 다른 것까지 움직인다.

둘째, 물은 항상 자신의 진로를 찾아간다.

셋째, 물은 장애물을 만나면 오히려 그 세력을 백 배로 키운다.

넷째, 물은 스스로 정결해서 다른 것의 더러움을 씻어 준다. 또한 깨끗하거나 더러운 것을 모두 수용한다.

다섯째, 물은 큰 바다를 채우거나 증발해서 안개가 되거나 비구름으로 변하거나 눈이 되거나 얼어서 영롱한 이슬이 되지만 그 본성은 절대로 잃지 않는다.

나는 '수오칙'과 도쿄 오우메(靑梅)시에 있는 요시카와 에이지(吉川英治) 기념관을 스스로 활성화시키는 수단으로 삼고 있다. 좌우명이라고 하기에는 거창하지만 침체되어 있을 때 '수오칙'을 읽고 요시카와 에이지 기념관에 다녀오면 기운이 난다.

'수오칙' 가운데 내가 제일 좋아하는 원칙은 세 번째, '물은 장애물을 만나면 오히려 그 세력을 백 배로 키운다'는 말이다. 그 말을 생각하면 계곡의 급류나 바위에 부딪치는 물거품이 연상되어 가슴이 설렌다.

요시카와 에이지 기념관은 나를 반성하게 만든다

"어머니가 슬픈 눈을 하셨다. 나는 그게 무슨 의미인지 잘 알고 있다. 이제 먹을 게 하나도 없는가 보다. 오늘밤에는 굶겠구나. 없을 게 분명하지만 부엌을 뒤져 봤다. 반찬통에는 절인 채소조차 남아 있지 않았다……."

이 사람은 이런 글도 썼다.

"그 순간 나는 감자 잎사귀에 몸을 웅크리고 까만 흙을 양쪽 손톱으로 마구 파헤쳤다. (중략) 그날 밤 배고픔에 떨던 식구들은 소금물에 삶은 감자를 허겁지겁 먹어치웠다."

이 사람은 바로 《신·헤이케 이야기(新·平家物語)》와 《미야모토 무사시(宮本武藏)》를 써서 크게 인기를 얻은 후 1962년에 사망한 작가 요시카와 에이지 씨다.

오우메 시에 있는 요시카와 에이지 기념관에 가면 아직도 그가 살아 있는 것 같은 착각을 일으킬 정도로 서재가 잘 보존되어 있다.

요시카와 씨는 가정 형편이 어려워서 어린 시절에 고생을 많이 했다.

'아, 이렇게 힘든 시절을 보냈구나. 점원도 하고 조선소에서 일하고 항구에 정박된 배에 화물을 싣는 작업도 했어. 그 와중에도 사전을 찾아가며 단어를 공부했던 요시카와의 소년시절에 비하면 지금의 나는 너무 나태하다.'

나는 매년 두세 번 주먹밥을 싸들고 요시카와 에이지 기념관까지 자동차를 타고 간다. 그곳에서 해이해진 자신을 반성하기 위해서다.

행동하는 유쾌한 청년

어느 날 나는 어떤 청년에게 전화를 받았다. "후타미 미치옵니다"라고 말했더니 그 청년은 저자가 직접 전화를 받았다는 사실에 놀라며 요시카와 에이지 기념관으로 가는 길을 물었다.

"실은 저도 선생님처럼 후쿠오카 출신입니다. 도쿄로 출장을 왔는데요. 선생님 책을 읽고 휴가를 하루 연장해서 오우메 시에 있는 요시카와 에이지 기념관에 다녀올 생각입니다. 여기는 신주쿠인데 어디로 가는 전철을 타면 되는지 알려 주시겠습니까?"

이 청년 외에도 요시카와 에이지 기념관 이야기를 '좋다!' 고 느낀 사람이 있을 것이다. 하지만 '좋은 이야기야. 그렇다면 나도 한번 가보자' 라며 실제로 행동하는 사람은 거의 없다.

내가 지적을 하면 "알았습니다" 라고 대답하는 부하는 여러 명 있다.

그러나 알았다고 대답만 할 뿐 대부분은 실천하지 않는다. "알았습니다" 라는 대답에서 '당신이 굳이 말하지 않아도…… 알고 있어요' 라는 약간은 건방진 의미를 읽을 수 있다.

정말 알고 있으면 당연히 실천해야 하지 않은가? 하지만 알았다고 대답만 하고 실천하지 않는 사람이 너무 많다. 그래서인지 나는 그 청년의 행동에서 신선함을 느꼈다.

'실패를 두려워하지 말고 적극적으로 도전하라'는 말의 참뜻

사람들이 자주 하는 말 가운데 '실패를 두려워하지 말고 적극적으로 도전하라' 는 격려가 있다. 그러나 이 말의 참뜻을 이해하지 못한 사람은 제대로 공부하거나 연구하지 않고 무조건 뛰어들어 실패하는 경우가 많다. 여기서 '적극적' 이라는 말은 무모하게 시작하라는 의미가 아니다.

어느 훌륭한 창조형 경영자가 말했다.

"수억 엔(약 수십 억 원)이나 손해를 입혔는데도 '앞으로 일에 활용하면 돼. 힘내' 라고 격려하고 싶은 사람이 있다. 반면 100만 엔(약 1,000만 원)을 날려도 솔직히 그만 두라고 말하고 싶은 사람이 있다."

문제는 실패의 본질이다.

나는 어느 건설회사 용지(用地) 과장에게 말했다.

"당신은 사장이 해고명령을 내리면 받아들여야 합니다."

여러 번 나는 그 과장에게 당부했다.

"구입 예정인 용지를 평가할 때는 반드시 끝을 뾰족하게 만든 철근을 2미터 정도 가져가십시오. 항상 차에 싣고 다니면 되겠군요. 철공소에 부탁하면 남는 철근으로 금방 만들어 줄 겁니다. 땅을 찔러볼 침이라고 생각하세요."

철근으로 땅을 30~60센티미터 정도 찔러 보면 지반의 상태를 손쉽게 파악할 수 있다.

"30센티미터까지 점토로 되어 있으니 이 땅을 구입하면 적어도 30센티미터는 표면에 있는 땅을 모두 바꿔야 합니다. 그럼 비용이 엄청나게 올라가겠죠. 싼값에 땅을 구입해 봤자 말짱 헛수고예요."

그러나 그 과장은 "네, 알겠습니다"라고 대답만 하고 문제의 땅을 구입했다. 게다가 그 사실을 내게 감췄다. 과장은 "실패를 두려워하지 말고 행동하라"는 말이 적용되지 않는 실수를 저질렀고 그것은 해고사유로 충분하다.

당신은 정말 적극적으로 행동하는가? 그리고 알고 있는 사실을 실천하는가? 적극성과 행동력이 상승효과를 발휘하면 틀림없이 성공할 수 있다.

적극적으로 행동해서 발상의 세계를 넓혀라

앞서 인쇄회사를 예로 들었을 때 이야기했듯이 분업화는 조직의 숙명이므로 거기에 따른 악영향을 스스로 거부하지 않으면 언젠가 그 재앙이 다시 자신에게 돌아온다.

대기업 출신의 경리사원은 수십 년의 경력이 있어도 한 기업의 경리책임자가 되기는 힘들다. 예컨대 경리책임자가 되어 세무조사를 받을 때 자사가 불이익을 당하지 않도록 교섭할 수 있는 능력이 있을지 의문이다.

당신은 '수오칙'이 좋은 교훈이라고 생각하는가? 당신은 '요시카와 에이지 기념관'에 한번 가보고 싶은 마음이 드는가? 이렇게 생각만 하고 행동을 하지 않으면 '울지 않는 꾀꼬리'나 마찬가지다.

지금부터라도 적극적으로 행동해서 발상의 세계를 넓혀야 한다. 이런 행동체험이 자신의 정신활동 속에 녹아들 때 새로운 발상이 되고 좀 더 가치 있는 성과로 나타나게 된다.

여러분 가운데 '수오칙'을 누가 만들었는지 궁금해 하는 사람이 있을지 모른다.

결론부터 말하면 누가 만들었는지는 확실하지 않다.

'전국시대(戰國時代)의 구로다 간베에(黑田官兵衛) 장군의 작품이다'라는 설도 있고 '산 속의 적은 없애기 쉽지만 마음속의 적은 없애기 어렵다는 시 구절로 유명한 중국의 왕양명(王陽明 : 1472~1528)의 작품이다' 라는 설도 있다.

'수오칙' 은 작자 미상이다.

부디 간판에 얽매이지 말고 도전적이고 발전적으로 인생의 활력소로서 '수오칙' 을 이용하기 바란다.

39 '고지마의 늙은 원숭이' 는 시대의 흐름을 쫓아가지 못했다

원숭이에게 배우는 환경적응력

미야자키(宮崎) 현에 '고지마(幸島) 원숭이' 로 유명한 둘레 4킬로미터 정도의 작은 섬이 있다. 이 섬 전체는 천연기념물로 지정되어 있다.

이 섬은 '고구마를 바닷물에 씻어 먹는 원숭이가 있다' 는 사실로 유명한데 어느 대학의 영장류 연구 그룹은 '고지마 원숭이' 를 추적 연구하고 있다. 연구원은 "처음에 사람이 과일 등을 바닷물에 씻어 먹는 모습을 보고 어린 원숭이 몇 마리가 흉내 내면서 시작되었다"라고 말한다. 그런데 한 가지 재미있는 점이 발견되었다고 한다.

대부분의 원숭이는 고구마를 바닷물에 씻어 먹는데 '고지마의 늙은 원숭이' 두세 마리는 과거의 습관 때문인지 죽을 때까지 고구마를 씻어 먹지 않았다고 한다. 요컨대 '고지마의 늙은 원숭이'는 과거의 경험 때문에 환경에 유연하게 적응하지 못했던 것이다.

모리시게 히사야(森繁久彌) 씨는 '경험'에 대해 자신의 저서에 이렇게 썼다.

"과거의 풍부한 경험은 소중하다. 하지만 선박 밑에 달라붙은 굴 껍질을 내버려두면 물의 저항 때문에 배의 속도가 떨어진다. 마찬가지로 굴 껍질처럼 낡은 습관을 고집하면 새로운 환경에 적응하기 힘들다. 따라서 굴 껍질 같은 낡은 습관을 제거하는 일은 중요하다……."

앞으로는 '외부 경제'에 민감한 사람이 필요하다

'고지마의 늙은 원숭이'처럼 되지 않으려면 '외부 경제'에 민감해야 한다. 이는 현대 경제 사회에서 영리하고 강하게 살아가기 위해 꼭 필요한 요건이다.

'외부 경제(external economies : 기업외적 요인의 변화로 발생하는 손익-역주)'란 무엇인가?

예를 들어 A 씨라는 농부가 있다고 하자. 그는 유기농업을 시작하면서 밭에 연꽃 씨를 뿌렸다. 연꽃이 지면 땅속에 파묻어 천연비료로 만들기 위해서였다.

그런데 A 씨 덕분에 웃음 짓는 사람이 생겼다. 그 전에는 A 씨와 아무 관련도 없었던 B 씨다. 그는 벌꿀 채집을 생업으로 삼는 사람인데 A

씨가 심은 연꽃 덕분에 벌꿀을 훨씬 많이 채집했다. 당연히 전보다 효율성과 생산성도 크게 향상되었다. 요컨대 B 씨는 A 씨의 '연꽃 밭'이라는 외부 경제 덕분에 이득을 본 것이다.

이제 가까운 곳에서 '외부 경제'의 예를 찾아 보자.

나는 한 달에 한 번씩 고문을 맡고 있는 안전화 제조업체를 방문한다. 그런데 늘 있던 간부 몇 사람이 보이지 않았다. 이야기를 들어 보니 유명 강사의 경제 관련 강연을 들으러 갔다고 한다.

그래서 나는 강연회에서 돌아온 간부에게 감상을 물었다.

"어, 상당히 좋은 이야기였어요."

"대강 어떤 이야기였는지 요점만 가르쳐 주세요."

"음, 그러니까 설비 투자가 줄어들면 자연히 인원도 줄어들고 제조업체의 경영이 갈수록 어려워진다는 이야기였어요."

그 이야기를 듣고 나는 물었다.

"그렇다면 구체적으로 회사에는 어떤 영향이 미칠까요?"

그러자 모두 입을 다물었다.

연쇄 사고력을 개발하라

그날 밤 나는 간부 모임에서 이 문제를 주제로 강의했다.

강의를 요약하면 이렇다.

공장의 생산성이 떨어진다 → 구조조정으로 인원수가 줄어든다 →

안전화를 신는 사람이 줄어든다 → 안전화 소모 수량이 줄어든다 → 안전화 전체의 수요가 감소한다 → '안전화 주문량이 크게 줄어든다'

강연을 제대로 들었다면 자기회사에 어떤 영향을 미치는지 연결 지을 수 있어야 한다.

'외부 경제' 와 같이 중요한 부분을 놓친다면 수백 번 강연회에 참가해도 별 의미가 없다.

그런데 그 회사 간부뿐만 아니라 '외부 경제' 의 중요성을 인식하지 못하는 사람이 많은 것 같다.

현재 일본에는 '100엔(약 1,000원) 주차장' 이 유행이다. 어떤 사람이 거품 경제 붕괴 후 '거리에서 아깝게 버려진 땅' 을 보고 생각해 냈는데 '10분 동안 주차해도 1시간 주차요금을 모두 내는 모순' 과 연결시켜 '100엔 주차장' 을 개발했다고 한다. 연쇄사고력은 '외부경제' 를 활용하기 위한 기본이 된다.

우리는 모두 경제와 밀접한 관계를 맺으며 살아간다.

그러므로 다양한 종류의 외부 경제에 둘러싸인 우리는 연쇄 사고력을 자신의 것으로 만들어야 한다. 게다가 연쇄 사고력이 풍부한 사람은 발상력도 풍부하다.

'고지마의 늙은 원숭이' 는 어린 원숭이라는 가까이 있는 '외부 경제' 를 거부했다. 조금만 관심을 기울이면 우리가 배울 수 있는 외부 경제는 주변에 수없이 많이 있다.

마지막으로 한 가지 덤을 선물하겠다. 최근 증가하는 '복권 판매소'라는 '외부 경제' 를 보며 생각했는데 만약 내가 판촉 책임자라면 창구 주변에 당첨을 기원하는 부적을 달 것이다. 복권 자체가 원래 행운을 가져오는 요술 방망이와 같은 것이므로 바라는 사람들의 심리를 이용한 재미있는 기획이라고 생각한다.

나는 곳곳을 돌아다니며 두뇌 활성화를 위해 이런 생각도 한다.

발상의 전환으로 살아남기

1판 1쇄 발행 / 2011년 11월 10일
1판 1쇄 발행 / 2011년 11월 17일
지은이 | 후타미 미치오
옮긴이 | 안소현
펴낸이 | 배규호
펴낸곳 | 책미래
출판등록 | 제2010-000289호
주소 | 경기도 고양시 일산동구 장항동 607-1
전화 | 031-901-1660
팩스 | 031-901-1124
디자인 | 에스파

값 11,000원
ISBN 978-89-967226-0-1 13320

● 이 책에 실린 글과 그림의 무단 전재와 무단 복제를 금합니다.